a força cósmica do HÁBITO

Título original: *Cosmic habit force*

A força cósmica do hábito
1ª edição: Fevereiro 2025

Autor:
Mitch Horowitz

Tradução:
João Fonseca

Preparação de texto:
Fernanda Guerriero Antunes

Revisão:
Flavia Araújo
Iracy Borges

Projeto gráfico e diagramação:
Luisa Tavares

Capa:
Dimitry Uziel

Impressão:
Plena Print

DADOS INTERNACIONAIS DE CATALOGAÇÃO NA PUBLICAÇÃO (CIP)

Horowitz, Mitch
A força cósmica do hábito : 23 princípios para descobrir e usar a seu favor a maior força da natureza / Mitch Horowitz ; tradução de João Fonseca. — Porto Alegre : Citadel, 2025.
224 p.

ISBN 978-65-5047-581-9
Título original: Cosmic Habit Force

1. Autoajuda 2. Sucesso 3. Hábitos I. Título II. Fonseca, João

25-0148 CDD - 158.1

Angélica Ilacqua - Bibliotecária - CRB-8/7057

Produção editorial e distribuição:

CITADEL Grupo Editorial

contato@citadel.com.br
www.citadel.com.br

Mitch Horowitz

a força cósmica do HÁBITO

23 PRINCÍPIOS PARA DESCOBRIR E USAR A SEU FAVOR A MAIOR FORÇA DA NATUREZA

Tradução:
João Fonseca

CITADEL
Grupo Editorial

2025

SUMÁRIO

INTRODUÇÃO

“Por trás das linhas”: a força natural do hábito

Influenciado pelos princípios de Napoleon Hill (1883-1970), este livro se concentra na abordagem do fim da carreira desse autor pioneiro de sucesso sobre a Força Cósmica do Hábito, a qual considero uma de suas ideias mais completas, poderosas e práticas. A Força Cósmica do Hábito é o ensinamento de Hill que mais me inspirou, em cuja perspectiva eu me baseio e a qual exploro ao longo dos capítulos que seguem. Acredito que esta análise não apenas fornece uma chave única para o sistema de Hill, mas também serve de modelo para viver com eficácia, habilidade e máxima autoexpressão.

O trabalho e o exemplo de Hill são a base destas páginas. Os conceitos apresentados aqui são meus, pois sou um estudante dedicado e permanente.

Em certo sentido, a Força Cósmica do Hábito é o “segredo” que Hill disse ter ocultado nada menos que cem vezes em *Quem pensa enriquece*, pois, segundo ele, declará-lo abertamente privaria as pessoas do esforço frutífero envolvido em descobri-lo e aprender a aplicá-lo. Ao mesmo tempo, Hill não tinha a intenção de brincar com seus leitores. Considerando isso, acredito que podemos embarcar em uma exploração transparente e aplicável de seu segredo, que é, de certa forma, o segredo da própria realização.

Faço alusão a ele não para parecer misterioso, mas para descrever uma faceta da vida que é frequentemente ignorada e até mesmo desconhecida, porém muito clara. Hill refere-se a esse segredo no capítulo “Imaginação” do livro *Quem pensa enriquece*:

> Por mais estranho e paradoxal que possa parecer, o "segredo" NÃO É SEGREDO. A própria natureza o divulga no mundo em que vivemos, nas estrelas, nos planetas suspensos ao alcance de nossa visão, nos elementos acima e ao redor de nós, em cada folha de grama e em toda forma de vida em nosso raio de visão.
>
> A natureza divulga esse segredo nos termos da biologia, na conversão de uma célula minúscula, tão pequena que pode ser perdida na ponta de um alfinete, no SER HUMANO que agora lê esta frase. A conversão do desejo em seu equivalente físico por certo não é um milagre maior.

Já escrevi sobre o segredo de Hill antes, e há diferentes maneiras de explicá-lo. Todas, porém, fazem alusão a uma verdade básica: *você experimenta um poder inato e inevitável quando entra em alinhamento natural com as leis que permitem o crescimento e a manutenção de toda a vida* – o que não é diferente dos conceitos encontrados no taoismo e no transcendentalismo. Ao funcionar dentro desse fluxo cósmico, surgem ciclos de crescimento em sua vida e você se torna a muda que eventualmente irrompe no solo. Toda a natureza ajuda seu progresso. Isso não acontece porque você é de alguma forma elevado ou avançado, mas por estar operando dentro de ciclos inatos de crescimento e produção.

Ao cultivar hábitos e escolhas corretos – o que significa conduta e atividade sustentadas e generativas –, você se funde com as leis reprodutivas, cíclicas e naturais. Como será visto adiante, essas leis também têm uma dimensão metafísica ou extramaterial. A menos que haja alguma intervenção igualmente poderosa, elas o levarão ao destino que você busca com intensidade.

Estas páginas o ajudarão a selecionar esses hábitos e escolhas transcendentais e fisicamente harmoniosos, e a viver dentro deles. Os 23 "hábitos cósmicos" deste trabalho não são ecos diretos do que aparece na obra de

Napoleon Hill.[1] Você não precisa de um novo livro para retomar assuntos antigos. Em vez disso, esses hábitos são novos – mas também fiéis – sons de temas e imperativos encontrados na obra de Hill e com os quais os membros do meu grupo MasterMind, bem como os devotos dos escritos de Hill de todas as fases da vida, trabalharam com empenho.[2] Cada hábito é apresentado de forma que, espero, atenda às suas necessidades mais urgentes, bem como às demandas mais amplas que caracterizam a era em que vivemos. Em conjunto, essas 23 etapas são um programa aplicado de Força Cósmica do Hábito. Em última análise, elas o sincronizam com ciclos, inevitabilidades e forças que trazem crescimento ao nosso mundo e a você como indivíduo. Nesse sentido, a Força Cósmica do Hábito pode parecer uma energia causadora por trás de seus esforços – o que, de fato, é.

A abordagem que descrevi – o cultivo de hábitos e ações generativas – não é apenas uma fórmula para a realização, mas é o melhor estilo de vida que conheço para a felicidade individual. Estamos condicionados a pensar em termos de conceitos elusivos ou inflados quando consideramos o autodesenvolvimento e seus horizontes. Pessoas com orientação espiritual podem empregar termos como *realizado*, *esclarecido* ou *iluminado*. Acho que essa linguagem é muito usada e, com base na observação, excessiva. Aqueles de orientação psicológica podem se apoiar em palavras como *bem ajustado*, *atualizado* ou *realizado*. Esses conceitos talvez sejam mais compreensíveis, mas, assim como o vocabulário recente da terapia cognitivo-comportamental, a terminologia psicológica pode condenar o

1. O número 23 tem significado sincrônico para artistas e pensadores espirituais que admiro, embora nem sempre concorde com eles, incluindo Robert Anton Wilson, William S. Burroughs, Genesis P-Orridge, Aleister Crowley e Arthur Koestler.

2. Se você não estiver familiarizado com o conceito de um grupo MasterMind, consulte o Apêndice III – As dezessete Leis do Sucesso de Napoleon Hill.

indivíduo a uma vida de contentamento provisório em vez de incentivar e apoiar um senso mais amplo de realização.

De minha parte, defendo, e acredito que o trabalho de Hill afirma, que *o verdadeiro objetivo da vida é a máxima autoexpressão*.

A expressão individualizada ocorre com frequência, embora nem sempre, por intermédio de meios de subsistência ou objetivos pessoais. Às vezes são a mesma coisa; outras, são diferentes. É importante observar que o programa de Hill não se trata estritamente de carreira ou de ganhar dinheiro, mas, sim, da *concretização de ideias*. No entanto, em seu marco *Quem pensa enriquece*, Hill também reconheceu, com admirável ausência de sentimentalismo, que "o dinheiro e as coisas materiais são essenciais para a liberdade do corpo e da mente". É provável que qualquer um que duvide disso nunca tenha conhecido a carência. Evitar o dinheiro voluntária ou periodicamente não é o mesmo que sofrer sua verdadeira ausência. Se você cresceu à sombra da necessidade, como eu, pode ser que não tenha dúvidas sobre a realidade do que acabei de afirmar.

Hill colocou a questão da seguinte forma em uma palestra de 1952 que proferiu como parte de sua classe Success Unlimited: "Nunca encontrei uma maneira de me dar bem na vida em qualquer posição ou cargo acima da mediocridade sem financiamento, e duvido que alguém mais possa fazê-lo".

A filosofia de Hill não é desprovida de ideais, mas confronta a vida e seu elemento material com total realismo. É por isso que os críticos mais incisivos de Hill no jornalismo e no meio acadêmico – embora não sem pontos válidos (e eu mesmo já critiquei Hill[3]) – tendem a revelar um senso sutil de direito social ao classificar os programas de autossuperação e de ganho de dinheiro como culturalmente retrógrados, superficiais ou enganosos. Acredito que parte do motivo pelo qual os setores da mídia e da academia que formam opiniões demoram a entender os movimentos de

---

3. Por exemplo, veja meu livro *One Simple Idea: How Positive Thinking Reshaped Modern Life* (2014).

autoajuda e a espiritualidade prática, ou fazem críticas a esses movimentos, seja devido à classe social e à falta de familiaridade com as necessidades. Os trabalhadores assalariados e comissionados têm necessidades que muitos comentaristas culturais nunca tiveram ou terão. E eles são perspicazes e capazes de avaliar o resultado de seus esforços para o autodesenvolvimento.

* * *

Assim como o dinheiro, a autoexpressão é mais desejada em sua ausência. Um déficit de autoexpressão pode deixar até mesmo a pessoa emocional e financeiramente segura com uma sensação crônica, ainda que indefinida, de arrependimento, tédio e ansiedade. A experiência me levou a acreditar que a ausência da capacidade de expressar sua autoestima – de ver, por meio de alguma medida significativa, seus ideais e desejos criativos, bem como a capacidade de gerenciar razoavelmente os eventos imediatos e de longo prazo em direção aos fins desejados – resulta em uma gama considerável do que hoje é considerado um distúrbio emocional. Nossa vida e nossas necessidades são complexas e exigem muitos elementos de sustentação mental, emocional e física. No entanto, em três décadas como buscador, escritor e estudante da vida, observei que não existe um caminho maior e mais direto para a vitalidade, o respeito próprio, a expectativa esperançosa e a convivência do que a expressão e o movimento em direção a seus desejos pessoais mais profundos. Analise os eventos de sua vida e determine se você não concorda.

Se você compartilha do meu instinto de que a autoexpressão, como acabei de descrevê-la, é fundamental para o seu senso de individualidade, e se você concorda que o bem-estar material também é necessário para uma autoestima saudável, então é lógico que o seu desejo de ser alguém produtivo – e, em termos espirituais, uma pessoa que reflita a imagem da criação ou, como diz o antigo ditado hermético, "como em cima, assim embaixo" – exige uma metodologia ou um sistema para alcançar o autoconceito atualizado. Esse sistema é a Força Cósmica do Hábito. Trata-se, como já foi mencionado, do ciclo de comportamentos repetidos que o colocam em sintonia com o crescimento, a manutenção e a renovação de toda a natureza. Isso significa viver como parte dos padrões orgânicos e dos modos de sustentação que governam toda a vida. Referindo-se à Força Cósmica do Hábito em uma palestra de 1963, Hill disse: "Essa é a lei pela qual o equilíbrio de todo o Universo é mantido em ordem por meio de hábitos estabelecidos".

Devo observar que Hill desenvolveu ou pelo menos batizou sua teoria de Força Cósmica do Hábito vários anos depois de publicar *A Lei do sucesso*, em 1928, e *Quem pensa enriquece,* em 1937. Segundo Hill, embora a Força Cósmica do Hábito seja a base conceitual de ambos os livros, esse enquadramento específico não lhe ocorreu quando os escreveu. Em 1952, ele contou esta história em uma aula:

> Há alguns anos, logo após a publicação de *Quem pensa enriquece*, comecei a receber cartas e telegramas de todo o mundo me elogiando por esse livro maravilhoso. E essas cartas e telegramas se tornaram tão numerosos que mandei minha secretária buscar uma cópia do livro. Eu não o havia lido desde que o escrevi, aproximadamente um ano e meio antes disso. Sentei-me e o li. Li com atenção. E, enquanto lia, descobri – não nas linhas, mas por trás das linhas – esse assunto maravilhoso sobre o qual estamos falando hoje, a lei da Força Cósmica do Hábito. A Força Cósmica do Hábito é uma lei do Universo na qual todas as outras leis naturais se misturam e se tornam parte. Pode-se dizer que ela é a controladora de todas as leis naturais.

As primeiras referências de Hill à Força Cósmica do Hábito apareceram em seus livros *A chave mestra para as riquezas*, em 1945, e *Think Your Way to Wealth* (Pense seu caminho para a riqueza), em 1948. Neste último, ele afirmou:

> A Força Cósmica do Hábito é a aplicação específica de energia com a qual a natureza mantém a relação existente entre os átomos da matéria, as estrelas e os planetas, as estações do ano, a noite e o dia, a doença e a saúde, a vida e a morte, e, o que é mais importante para nós neste momento, é o meio pelo qual todos os hábitos e todos os relacionamentos humanos são mantidos, o meio pelo qual o pensamento é traduzido em seu equivalente físico.
>
> Você, é claro, sabe que a natureza mantém um equilíbrio perfeito entre todos os elementos de matéria e energia em todo o Universo. Você pode ver as estrelas e os planetas se moverem com perfeita precisão, cada um mantendo o próprio lugar no tempo e no espaço, ano após ano. Você pode ver as estações do ano chegando e partindo com perfeita regularidade. Você pode ver que a noite e o dia se sucedem em uma regularidade sem fim.

A esse esquema, ele acrescentou: "Todos nós somos governados por hábitos. Nossos hábitos são fixados em nós pela repetição de pensamentos e experiências, portanto, podemos controlar nossos destinos terrenos na mesma medida em que controlamos nossos pensamentos". Esse é um aspecto fundamental da análise de Hill.

Embora não exista um consenso clínico sobre como os hábitos são formados, há a ideia unânime de que os hábitos podem ser alterados. E, de forma significativa, o campo relativamente recente da neuroplasticidade usa a ressonância magnética (RM) para revelar que a própria alteração comportamental muda as vias neurais pelas quais os impulsos elétricos viajam em seu cérebro. Portanto, o arbítrio pessoal não altera apenas a conduta, mas o próprio organismo físico. Isso dá mais peso a outra afirmação feita por Hill na palestra de 1963 citada anteriormente, na qual ele enfatizou o papel do indivíduo na Força Cósmica do Hábito: "O homem é a única criatura viva equipada com o poder de escolha por meio do qual ele pode estabelecer os próprios padrões de pensamento ou rompê-los e reorganizá-los à vontade". Sem o benefício da neurociência, Hill compreendeu a dinâmica de autorreforço do hábitos e de como um hábito, uma vez estabelecido, prossegue de acordo com um tipo de automaticidade orgânica.

Em uma linha semelhante, Hill escreveu em *A chave mestra para as riquezas*: "A Força Cósmica do Hábito é o método da natureza para fixar todos os hábitos, de modo que prossigam automaticamente depois de acionados – tanto os hábitos humanos quanto os do Universo... A Força Cósmica do Hábito é o princípio pelo qual todos os hábitos são fixados e se tornam permanentes em graus variados".[4]

Tudo o que acabei de observar se aplica a hábitos positivos e produtivos, bem como a hábitos negativos e autodestrutivos. Este livro trata não apenas de hábitos geradores que mantêm e aprimoram a vida, mas também da revisão de certos hábitos que esgotam e despojam nossa capacidade de realização e expressão, como o medo crônico. A Força Cósmica do Hábito também é uma ferramenta poderosa para se recuperar de fracassos e contratempos. Hill chamou o fracasso de uma correção de curso necessária. No esquema da Força Cósmica do Hábito, o fracasso destrói padrões de pensamento, abordagens e relacionamentos calcificados e malsucedidos. É um motor de crescimento. Pode ser doloroso. No entanto, sem atrito, rejeição e oposição, nunca revisaríamos esforços equivocados ou incompletos, nem vínculos e direções de vida questionáveis.

---

4. Para referência adicional, incluí resumos dos capítulos de Hill sobre a Força Cósmica do Hábito dos livros *A chave mestra para as riquezas* e *Think Your Way to Wealth* nos Apêndices I e II, respectivamente.

Pelas razões que estamos considerando, Hill, em *A chave mestra para as riquezas*, chamou a Força Cósmica do Hábito de "o princípio de controle de toda a filosofia". Quero que este livro sirva de manual para o uso do método abrangente do professor. Acredito que o que você encontrará aqui fornece a chave – e, com ela, um senso de vantagem pessoal – para usar o sistema interno de Hill. Meu objetivo é proporcionar as etapas que aproveitam as percepções mais esotéricas de Hill em uma metodologia que o leve ao seu autoconceito mais elevado.

A natureza tende ao crescimento – e também à decadência, que é parte do processo de renovação. Sem morte e renovação, os recursos se esgotariam. A vida seria insustentável. Assim como a natureza, você, eu e todos os que estão lendo estas palavras experimentaremos o declínio e a eventual morte. Meu desejo mais profundo é que, ao colocar em prática os hábitos destas páginas e entrar nos ciclos nos quais eles o integram, você, salvo algum evento ou força contrária igualmente poderosa, seja capaz de se aproximar do fim com a satisfação de ter vivido alguma medida de seu propósito essencial.

Por fim, devo observar que escrevo estas linhas, como todos os meus livros, apenas como um buscador. E, neste caso, como estudante do trabalho de Hill. Não sou clínico, guru, coach de vida, terapeuta ou professor. Estou no caminho com você, experimentando e vivenciando as ideias de Hill. Somos estudantes. Não busco outra designação senão a de alguém que escreve com o desejo de que você e eu alcancemos juntos nossas possibilidades mais elevadas por meio da aplicação da filosofia prática.

HÁBITO 1

Atitude Mental Positiva de verdade

O cultivo de uma Atitude Mental Positiva, ou AMP, é o ponto de partida da Força Cósmica do Hábito. Em uma palestra de 1952 sobre a Força Cósmica do Hábito, Napoleon Hill afirmou: "Como já chamei sua atenção muitas vezes, a natureza deu a cada indivíduo a coisa mais preciosa disponível para a humanidade – e jamais a nenhuma outra criatura viva. E não é nada mais nada menos do que o poder de controle sobre a própria mente".

Dependendo de seu temperamento, a AMP pode vir com naturalidade ou de forma irregular. Para mim, é a última opção. Não sou otimista por natureza. Sou ansioso por temperamento, algo provavelmente reforçado pelo condicionamento e pelo histórico familiar, como acontece com a maioria dos traços de personalidade. A ansiedade pode ser um fardo e uma distração. Esse é um dos meus motivos para me dedicar ao estudo e à prática da metafísica da mente positiva. Para mim, é um esforço para toda a vida.

Estou ciente de que algo que soa tão benigno quanto uma AMP pode parecer um chá fraco em um mundo repleto de estresse, agravantes, injustiça social e inúmeras complexidades. No entanto, veja mais uma vez. Embora algumas das primeiras referências de Hill à AMP tenham aparecido em *A chave mestra para as riquezas*, em 1945, o conceito me chamou a atenção por uma fonte muito diferente: a banda *punk* pioneira Bad Brains, de Washington, D.C. Um dos líderes do grupo, o vocalista e compositor H.R. (de Human

Rights, Direitos Humanos), descobriu Napoleon Hill na década de 1970 durante sua adolescência em Washington, D.C. Isso mudou tudo para o jovem ferozmente independente e futuro inovador musical.

Em 2017, H.R. disse ao escritor Michael Friedman, Ph.D., para o *Psychology Today*:

> Eu estava usando mais drogas e vivendo de forma selvagem. Naquela época, eu sabia em meu coração que queria um caminho melhor. Bem na hora certa, Deus me ensinou a me relacionar com ele. Foi em 1979. Meu pai me apresentou um livro chamado *Quem pensa enriquece*. Então, li o livro e descobri a conexão com Deus... ele apresentou uma nova filosofia para mim. A nova filosofia era a AMP. Qualquer coisa que a mente possa conceber e acreditar, ela pode alcançar.

Em 2015, residindo em Baltimore, H.R. explicou a John Barry, do *Baltimore City Paper*, o que a AMP e *Quem pensa enriquece* significavam para ele: "Ele dizia que, se você fizer isso em sua mente, se tiver a mente certa, pode fazer qualquer coisa. Isso provocou uma mudança drástica em minha vida. Decidi que usaria isso em meu cotidiano e colocaria as letras e a mensagem nas músicas".

O artista manteve sua palavra. Ele formou uma banda de fusão em 1976 chamada Mind Power, mas logo tomou uma direção mais *hardcore* quando o grupo mudou seu nome para Bad Brains. A inspiração, segundo ele, veio da música "Bad Brain", dos Ramones, e da percepção de que *ruim* é um código de rua para *bom*. No início de 1982, o quarteto Bad Brains lançou seu álbum de estreia homônimo em fita cassete – uma gravação hoje considerada um dos marcos do *punk* e do *hardcore*. Repleto de influências de *reggae* e *jazz*, ele é, em última análise, inclassificável. O ponto alto do álbum é a batida de guitarra "Attitude", com a seguinte letra:

Não importa o que digam,
nós temos essa atitude!
Não importa o que você possa fazer.
Nós temos essa atitude!
Ei, conseguimos essa AMP!
Ei, nós temos a AMP!

Em homenagem, tenho um raio com as letras AMP – a insígnia da banda – tatuado em meu bíceps esquerdo.

H.R. forneceu um estudo de caso da AMP em uma história oral de sua vida em 2019, *Finding Joseph I*:

> A teoria de Napoleon Hill no livro *Quem pensa enriquece* me fez repensar as coisas negativas em minha vida e tirá-las de minha mente, colocar minha força em ser positivo, e foi isso que fiz. Trabalhei a teoria e a coloquei em prática para ver se de fato aconteceria, e aconteceu. Minha vida mudou. Além disso, muitas vezes os jovens vinham até mim e me diziam que entendiam o que eu estava passando e que eu deveria me manter firme. Eles me deram a vontade de sobreviver e me apoiaram e têm muito a ver com isso, com o fato de eu ter superado os momentos difíceis. Os jovens entendiam.

Por isso, quando os críticos às vezes sugerem que os fãs de Napoleon Hill podem ser colocados em uma categoria simples de busca materialista, eu lhes digo: vocês não imaginam.

Isso dá uma ideia do alcance da influência de Hill. Agora, deixe-me voltar ao ponto central da AMP para a perspectiva de Hill. Em seu discurso de 1952, ele continuou:

> Tudo o que tem vida neste mundo, com a única exceção do homem, nasce com seu tempo de vida e suas ações e reações fixados em um padrão definido, por meio do que chamamos de instinto. O homem é o único que vem à vida sem um padrão fixo e com a capacidade de estabelecer e executar o próprio padrão, adaptando-se a essa grande lei da Força Cósmica do Hábito. E nos hábitos de pensamento dos indivíduos, que são automaticamente fixados e tornados permanentes pela Força Cósmica do Hábito, não importa se são negativos ou positivos. O indivíduo cria o padrão de seus pensamentos por meio da repetição de pensamentos sobre qualquer assunto. Mas a lei da Força Cósmica do Hábito assume esses padrões e os torna permanentes, a menos que sejam rompidos pela vontade do indivíduo. O homem é a única criatura viva equipada com o poder de reorganizar esses padrões à vontade.

Há, é claro, períodos em que a AMP parece muito distante. E, de fato, às vezes é irresistível ou até mesmo imperativo expressar objeções, necessidades e protestos. Isso também faz parte da vida e tem um direito legítimo sobre nós. No entanto, nosso experimento neste programa é determinar *até que ponto nossas necessidades podem ser enquadradas de forma a afirmar a possibilidade e a utilidade, e não como reclamações repetitivas* às quais estamos tão fortemente condicionados a nos entregar. Cresci em um ambiente em que a reclamação era a base da maioria das conversas. Só mais tarde percebi o quanto ela pode se tornar rotineira, autodefinida e abrangente. Embora infrutífera, a reclamação pode parecer muito normal. A AMP interrompe isso de forma saudável.

A positividade às vezes significa repouso em vez de ação. Pode haver momentos em que os caminhos que levam ao progresso simplesmente não se apresentam. Nesses casos, em vez de fazer mais uma súplica a alguém ou tentar mais um ângulo fútil em um problema, talvez precisemos esperar e aprimorar nossas habilidades, sabendo que as mudanças cíclicas em ambientes sociais, íntimos ou comerciais são tão inevitáveis quanto as observadas na natureza. Nesse sentido, quero propor um exercício que talvez você já tenha visto antes, na esperança de que este capítulo o leve a retomá-lo. Ou, se estiver se deparando com ele pela primeira vez, espero que o considere profundamente revelador. É o Desafio Mental de Trinta Dias.

Esse exercício é baseado em uma passagem de uma obra de 1931, *Body, Mind, and Spirit* (Corpo, mente e espírito), de Elwood Worcester e Samuel McComb. Os dois ministros episcopais dirigiam um programa de cura inovador e de base religiosa em Boston, no início do século 20. Em seu livro, um proeminente cientista descreveu como melhorou de forma radical sua vida por meio de um experimento mental de um mês. Condensei seu testemunho a seguir:

> Até meus cinquenta anos, eu era infeliz, ineficaz e obscuro. Eu havia lido um pouco da literatura do Novo Pensamento e algumas declarações de William James sobre direcionar a atenção para o que é bom e útil e ignorar o resto.[5] Essas ideias pareciam uma bobagem, mas, sentindo que a vida era intolerável, decidi submetê-las a um teste de um mês.
>
> Durante esse período, resolvi impor restrições definitivas aos meus pensamentos. Ao pensar no passado, eu me deteria apenas em seus incidentes agradáveis. Ao pensar no presente, eu direcionaria a atenção para seus elementos desejáveis. Ao pensar no futuro, consideraria todas as ambições dignas e possíveis como estando ao meu alcance.
>
> Eu me lancei nesse experimento. Logo fiquei surpreso por me sentir feliz e satisfeito. Mas as mudanças externas me surpreenderam ainda mais. Eu desejava profundamente o reconhecimento de alguns homens eminentes. O mais importante deles me escreveu, do nada,

5. Novo Pensamento é um termo abrangente para a tradição da mente positiva, que utilizo várias vezes neste livro.

> convidando-me para ser seu assistente. Todos os meus livros foram publicados. Meus colegas se tornaram prestativos e cooperativos.
>
> Parece que eu tropecei em um caminho de vida e coloquei forças trabalhando a meu favor que antes estavam trabalhando contra mim.

Eu tropecei em um caminho de vida. Reflita sobre estas palavras, pois são a ideia central da AMP.

Vamos repetir este experimento juntos: 1) escolha sua data de início (pode ser hoje, neste momento); 2) escreva à mão o testemunho completo do orador (nunca subestime o valor disso); e 3) acrescente: "Eu me dedico neste dia de ________________ a me concentrar em tudo o que é nutritivo, avançado e promissor por trinta dias. (Assinado) ________________".

É isso aí. Se você sair do curso durante os trinta dias – e isso é inevitável –, não se preocupe. Não sinta a necessidade de recomeçar. Simplesmente retorne à sua passagem e ao seu juramento e retome suas atividades. Eu posso lhe garantir: recebi depoimentos notáveis de pessoas sobre o poder desse exercício. Eu comecei uma nova rodada no dia em que escrevi estas palavras. Essa é uma atividade que precisa ser sempre retomada. Quase sempre algo novo será colhido.

Conforme mencionado, a AMP não implica uma atitude perfumada ou artificial em relação à vida. É muito diferente de otimismo forçado. O extraordinário filósofo espiritual P. D. Ouspensky (1878-1947) fez a seguinte observação – em linguagem comum – a seus alunos em seu livro publicado postumamente em 1986, *A Further Record: Extracts from Meetings 1928-1945*:

> ... uma atitude positiva não significa uma atitude positiva, mas, sim, gostar de certas coisas. Uma atitude realmente positiva é algo bem diferente. A atitude positiva pode ser definida melhor do que a emoção positiva, porque ela se refere ao pensamento. Mas uma atitude de fato positiva inclui em si a compreensão da coisa em si e a compreensão da qualidade da coisa do ponto de vista, digamos, da evolução e das coisas que são obstáculos. Coisas que são contra, ou seja, que não ajudam, não são consideradas, não existem, por maiores que sejam externamente. E ao não as ver, ou seja, se elas desaparecerem, podemos nos livrar de sua influência. Só que, mais uma vez, é necessário entender que não ver coisas erradas não significa indiferença; é algo bem diferente de indiferença.

O que o professor está dizendo, embora em grande escala, é que o indivíduo deve procurar entender as forças que desenvolvem ou corroem sua humanidade. Esse esforço coloca o buscador diante de uma imensa questão. Portanto, não estamos sobretudo preocupados aqui com convenções de bom ou ruim, feliz ou triste, mas com questões de *forças de desenvolvimento*, o tema ao qual este livro é, de certa forma, dedicado.

De tempos em tempos, ouço velhos amigos, e às vezes estranhos, perguntando por que me ocupo com o que eles consideram coisas baseadas em crenças falsas ou imaginárias, em vez de na razão ou em conhecimento científico, ou seja, o Novo Pensamento e as tradições da mente positiva.

Eles estão certos sobre meus compromissos. Desde a publicação, em 2014, de *One Simple Idea* (Uma ideia simples), uma história e análise da metafísica da mente positiva, tenho me dedicado mais a explorar o uso e a viabilidade da AMP ou a tese do poder da mente, que é: *os pensamentos são causais.*

Meu objetivo não é abandonar as tradições esotéricas "sérias" (sobre as quais falarei em breve), nem interromper meu trabalho como historiador da espiritualidade alternativa. Em vez disso, estou interessado em formular uma destilação útil, intelectualmente defensável e de mente firme dos princípios da mente positiva. Tento localizar os antigos antecedentes do poder da mente no hermetismo e em uma ampla gama de tradições religiosas, bem como em expressões modernas como o transcendentalismo, o idealismo, o pragmatismo, a ciência cristã e o trabalho de experimentadores do século 19, como Phineas Quimby, Emma Curtis Hopkins e Horatio Dresser, até vozes místicas do século 20, como Neville Goddard, Vernon Howard e Ernest Holmes.

Mas não se engane: não estou interessado em intelectualizar as ideias do Novo Pensamento, mas, sim, em *usá-las*. E, se for capaz, em ajudar meus colegas a fazer o mesmo.

O fato é que tenho um amor profundo e permanente por obras de metafísica às vezes consideradas sensacionalistas, como: *Quem pensa enriquece*; *Como fazer amigos e influenciar pessoas*; *It Works* (Funciona); *The Game of Life* (O jogo da vida); e *Psicocibernética*. Tenho absoluta convicção de que muitos desses livros populares têm um toque de extraordinário. Ou seja, em meio a certos becos sem saída, exageros e dramas, também evidenciam uma tremenda percepção, ideias viáveis e *uma espiritualidade de resultados* testados na experiência do leitor.

Nem sempre posso dizer o mesmo sobre muitas expressões contemporâneas da espiritualidade tradicional ou esotérica. "Não há atalho", disse-me certa vez um bom homem de uma comunidade esotérica erudita. Minha resposta foi: "Não sei se isso é verdade". Não testei completamente essa tese. Quando um indivíduo está faminto por compreensão – ou pela solução de um problema que esgota sua vida –, coisas notáveis se tornam possíveis. Aceleradores podem se tornar disponíveis. O filósofo William James (1842-1910) escreveu sobre o poder de uma "experiência de conversão", descrita por ele como a percepção de uma verdade maior que reorganiza objetivamente os fatos da vida exterior. Outros falam de "despertar", um termo que considero muito portentoso. O despertar implica permanência, ao passo que a busca por mudanças costuma ser repleta de reviravoltas e frustrações. Tenho certeza de uma coisa: a chave interna para quase todos os programas de autodesenvolvimento legítimo está na *profundidade do desejo de mudança do indivíduo*. Como diz um provérbio árabe: "O gosto do pão depende do grau de fome que você tem".

Da mesma forma, já presenciei pessoas que dedicaram décadas de sua vida a serviço de tradições sérias, mas que, em um momento de ansiedade ou mesmo de um pequeno revés, demonstram a mesma fragilidade que eu. Pergunto por quê. E peço a você, leitor (e a mim mesmo), que não se precipite em nenhuma resposta. Apenas mantenha a pergunta.

Acabei de usar a metáfora do "pão". A implicação é que uma tradição deve ser nutritiva – tem de oferecer sustento duradouro, e não truísmos anódinos. Isso também pode ser dito sobre o Novo Pensamento e suas tradições complementares? Em caso afirmativo, você deveria sair correndo e ler uma obra popular como *O poder do pensamento positivo*? Bem, minha resposta é sim.

As tradições de pensamento positivo são, simplificadamente, *o transcendentalismo aplicado*. A equação do poder da mente é um esforço para viver dentro do fluxo da potência criativa usando o meio do pensamento; para cumprir o que está dito em Romanos 12:2, sendo "transformado pela renovação de sua mente"; para usar as aspirações do pensamento como um meio de fazer a ponte entre a vida mundana e a invisível; para explorar o potencial criativo inerente à nossa relação com fontes extrafísicas, um tópico ao qual retornarei. A metafísica da mente positiva – e grande parte da tradição metafísica americana – propõe uma linha tênue de separação entre a experiência mental e a espiritual. Essa é a influência do Novo Pensamento.

Estou comprometido com o Novo Pensamento por motivos de crença espiritual. Compartilho o ideal do fundador dos Alcoólicos Anônimos,

Bill Wilson, de que um "Poder Superior" – ou o que chamo de "Força Maior" – pode preencher lacunas, sanar crises e incapacidades em nossa vida, sobretudo quando os esforços cognitivos falham. Isso levou um crítico do *The Wall Street Journal* a afirmar que "o Sr. Horowitz não está interessado em pesquisa". Estou interessado – exploro pesquisas biológicas, neurológicas e de física quântica no *The Miracle Club* e em outros artigos. No entanto, também acredito que existe um ponto cego em muitos de nossos modelos de pesquisa, que é o fato de que, quando descobrimos uma correlação biológica ou física com um evento, presumimos que essa deve ser a única coisa que está acontecendo. Deixamos de considerar que pode haver muitas causas e correlações – que o que está ocorrendo bioquimicamente pode ser desencadeado por vários fatores: físicos, psicológicos e extrafísicos. Por um lado, cito dados (às vezes, logo descartados ou ignorados) de décadas de pesquisa psíquica acadêmica.[6] Posso estar errado sobre a extrafisicalidade, mas não avançamos na causa de nossa compreensão restringindo os antecedentes que consideramos.

Alguns buscadores me escreveram relatando experiências profundamente negativas em igrejas do Novo Pensamento – apontando uma mentalidade de "culpabilização da vítima", na qual aqueles que sofrem de doenças, acidentes, tragédias ou contratempos são, de modo sutil, responsabilizados pelos "padrões de pensamento" que externalizam seus infortúnios. Esses manifestantes estão certos. Às vezes, essas atitudes são expressas. E, quando isso acontece, eu as rejeito de forma inequívoca. Em meu livro *One Simple Idea*, analisei um episódio em que Rhonda Byrne, de *O segredo*, disse a um repórter da *Associated Press* que as pessoas morreram no Holocausto e no 11 de Setembro "porque seus pensamentos dominantes estavam na mesma frequência desses eventos". Não participo

6. Uma metanálise abrangente de dados de pesquisas psíquicas foi publicada na principal revista da *American Psychological Association*: "The Experimental Evidence for Parapsychological Phenomena: A Review", de Etzel Cardeña, *American Psychologist*, 2018, vol. 73, n. 5, 663-677.

de críticas rotineiras a *O segredo*, que acredito ter ajudado milhões de pessoas a considerar as possibilidades maiores de sua mente. No entanto, também creio que a avaliação de Byrne nesse caso está errada. Eu escrevi:

> Ao se deparar com questões morais definitivas, Byrne... falava da experiência de outros, descrevendo eventos com os quais ela nunca havia se deparado ou com os quais nunca havia lidado. As opiniões, assim como as filosofias, exigem verificação, seja pela lógica, seja pela experiência vivida. A lógica de Byrne era semelhante à de uma pessoa que visita a casa de um vizinho, assobia para um cachorro, não recebe resposta e conclui que o vizinho não tem cachorro. Ela não levou em conta as possibilidades fora de seu alcance.

E mais:

> O *insight* espiritual é obtido por meio da *auto-observação* – não da análise ou justificativa do sofrimento vivido *por outras pessoas*. Julgar os outros é trabalhar sem nenhuma autoverificação, que é a única ferramenta pragmática da busca espiritual. A pessoa privada que pode reivindicar de forma madura e persuasiva a responsabilidade pelo *próprio* sofrimento, ou que pode suportá-lo como uma obrigação interior, ilumina os outros. A pessoa que justifica o sofrimento *de outra pessoa* – nesse caso, por culpa coletiva – apenas lança uma pedra.

Ao mesmo tempo, há exemplos brilhantes e extraordinários – em minha vida e na vida de pessoas que também buscam – de percepções sublimes, avanços e resultados concretos usando o modelo do poder da mente. Em geral, isso significa aproveitar os pensamentos emotivos, as visualizações, as afirmações, a autossugestão e a oração para navegar em direção a um objetivo sagrado e profundamente pensado. Os materialistas podem chamar isso de ilusão, mas a maioria não experimentou. E a maioria nunca tentará. Porque a experiência espiritual é, se é que é alguma coisa, um esforço voluntário que não pode ser aprendido, opinado, recebido ou de outra forma obtido, ou mesmo reconhecido, na ausência de experiência. Em um dos males da natureza humana, a convicção geralmente supera a experiência.

Conheço jornalistas e acadêmicos que visitaram, pesquisaram, observaram e, em última análise, criticaram comunidades e tradições espirituais sem nunca, nem mesmo como um experimento pessoal, participar de uma experiência discreta e prática, como a meditação. Na mente deles, tentar é admitir fraqueza intelectual. O oposto, porém, é verdadeiro.

William James afirmava que o teste definitivo de qualquer filosofia ética ou espiritual é *seu efeito sobre a conduta.* Já testemunhei métodos do Novo Pensamento resultarem em uma conduta aprimorada e em vidas melhores, mais felizes e mais eficazes – não perfeitas ou livres de lapsos, contradições, tolices ou momentos de crueldade e ilusão. Apesar disso, porém, certa dignidade e nobreza emergem na vida de *quem tenta.* E isso me levou a buscar, experimentar e tentar comunicar as verdades mais elevadas do Novo Pensamento, uma tradição espiritual moderna que, acredito, vai ao encontro do indivíduo diretamente onde ele vive e aborda os problemas do cotidiano com utilidade, graça e praticidade.

Enfim, eu documento e trabalho com a filosofia da mente positiva, ou AMP, porque, apesar de todas as falhas e fraquezas que pontuam sua história, *ela funciona.* E por que funciona? Quando falha? Quais métodos dão certo? Quais são os que falham? E seus pontos cegos? Por que o Novo Pensamento fez um trabalho melhor ao se popularizar do que ao se refinar? Quais são suas percepções mais sublimes? Essas perguntas me movem apaixonadamente e reaparecem nestas páginas.

Minha abordagem pessoal ao estudo do Novo Pensamento, ou de qualquer tradição espiritual, é capturada pelo artista marcial Bruce Lee

(1940-1973), que escreveu: "Pesquise sua experiência; absorva o que for útil, rejeite o que for inútil e acrescente o que for essencialmente seu".

Isso informa meu estudo e minha pesquisa. E eu o convido a criar a própria resposta a isso. A AMP, portanto, não é um modelo ou mesmo um destino final. É uma ética de esforço próprio, busca diária e firmeza mental-emotiva. Ela ressalta todo o nosso trabalho aqui.

HÁBITO 2

Um objetivo definido

"O primeiro ponto no qual você deve começar a usar a lei da Força Cósmica do Hábito", disse Napoleon Hill em 1952, "está relacionado à definição do propósito". Talvez não haja frase mais importante neste livro.

Chegar a um *ideal claro* sobre o que você quer na vida e a que sua vida se dedica – Hill chamava isso de Objetivo Principal Definido, um termo que ele grafava em letra maiúscula – é uma etapa vital para aprimorar as qualidades máximas de sua psique e de seus esforços. Para que isso ocorra, foco e especificidade são essenciais. Isso reflete uma lei natural: o foco gera força. Dependendo de sua densidade, as correntes de ar ou de água podem ser afastadas ou navegadas; porém, se forem canalizadas em um fluxo condensado, as mesmas forças se tornam irresistíveis. Os fótons de luz são indetectáveis aos olhos, mas, se condensados em um laser, podem atravessar a matéria endurecida. Não há razão para supor que a capacidade de ação e o esforço pessoal sejam exceções. Estamos em um estado natural quando focados. Se nosso foco é difuso, nossa psique e nosso esforço também o são. Em 1888, Friedrich Nietzsche escreveu em *O anticristo*: "Fórmula para nossa felicidade: um sim, um não, uma linha reta, um objetivo". Essa frase foi extraída da tradução de Walter Kaufmann.

Na mesma palestra a que me referi anteriormente, Hill forneceu as seguintes instruções para esclarecer seu Objetivo Principal Definido:

1. **REDIJA** uma declaração completa, clara e definida de seu principal objetivo na vida, assine-a e guarde-a na memória. Em seguida, repita-a oralmente pelo menos uma vez por dia e depois, se possível, com mais frequência.

2. **ESCREVA** um plano por meio do qual você pretende começar a alcançar seu Objetivo Principal Definido. Indique o prazo máximo permitido para a realização desse propósito e aquilo que você está disposto a realizar para alcançá-lo.

3. **TORNE** seu plano flexível o suficiente para permitir mudanças a qualquer momento em que você se sentir inspirado a fazê-las.

4. **MANTENHA** seu objetivo principal e seus planos estritamente para si mesmo, exceto em relação ao seu grupo MasterMind.

Meu Objetivo Principal Definido não tem um elemento de tempo associado a ele, pois reflete um objetivo vitalício – tudo o que faço, assim como meu trabalho para alcançá-lo, está a serviço dele. Embora eu o incentive a seguir as ideias de Hill ao máximo, percebo, como acho que ele teria notado, que certas ideias precisam ser adaptadas às necessidades e circunstâncias pessoais. Nesse sentido, com frequência as pessoas perguntam se é necessário associar um valor em dinheiro a um objetivo, como Hill prescreveu. Em vários momentos de minha vida, eu o fiz; em outros, optei por não listar uma quantia. Meu objetivo básico permanece inalterado. E, de tempos em tempos, eu o reformularei ou reescreverei para pontuar determinado aspecto, melhorar a clareza e aprimorá-lo.

Acredito na flexibilidade informada. Por isso, às vezes sigo a fórmula de Hill ao pé da letra e, por exemplo, determino exatamente o que quero ganhar e até quando, em relação ao meu objetivo; outras vezes, omito um valor. Exploraremos mais a questão de listar uma soma no "Hábito 21 – Quando você encontra uma cobra na estrada".

A vida é complexa e nossas necessidades e expressões não são estáticas. Portanto, o buscador deve fazer o próprio julgamento sobre a precisão da aplicação. Nunca evite; a definição é vital, mas incentivo um senso de discrição individual ao abordar qualquer ensinamento.

Sempre me perguntam se um objetivo deve ser singular. A vida não nos impõe várias exigências? No verão de 2021, recebi uma nota oportuna sobre essa questão de um escritor atencioso, Ross Simonini, de Altadena, Califórnia:

> Já ouvi você falar que a versatilidade é superestimada, mas acho isso difícil de conciliar. Você não se esforça para ser um bom pai, parceiro, escritor, professor, comunicador, motociclista, amante de música e editor? Muitos deles não são, até certo ponto, objetivos distintos com habilidades distintas? Ou, para você, todos eles servem ao mesmo objetivo? (Ganhar dinheiro é útil como parceiro, porém é mesmo o objetivo principal?) Mas, também, todos esses interesses diferentes não se informam mutuamente de maneiras inesperadas (como sua anedota sobre os Monkees em *The Miracle Club*) e essa diversidade não é útil? Veja seu interesse pelo ocultismo: esse campo de estudo dá a impressão de ser unificado por causa do nome único, mas na verdade é uma coleção de assuntos muito díspares de pessoas, lugares e épocas muito diferentes, estudados sob um guarda-chuva de tamanho generoso: ufologia, meditação, magia, círculos nas plantações, espíritos, nova era etc. E é isto que eu aprecio em seu trabalho: a maneira como você estabelece conexões entre ideias divergentes, o modo como você sintetiza e sincretiza. Isso me faz lembrar de muitos pensadores que admiro, que são polímatas – e bem-sucedidos – e usam esses interesses variados para criar sistemas completos em seu trabalho: Steiner,

> Goethe, Da Vinci, Pitágoras, Avicena, Newton, Franklin, Wittgenstein, Cocteau, Kant, Lynch e Hildegard von Bingen. Então: o objetivo único é conceituar o trabalho de forma unificada, mesmo que outras pessoas possam perceber esses propósitos como diferentes? Vinte e cinco coelhos com uma cajadada só? Em caso afirmativo, como fazer isso?

Ross e eu tivemos uma conversa proveitosa sobre essa questão, formulada por ele com sensibilidade. Depois de algum tempo, ele me escreveu: "Só queria que você soubesse que encontrei sua resposta nos primeiros minutos deste programa" – era um episódio do *talk show* metafísico *Inspire Nation,* do início de 2020. "[Achei] uma resolução muito satisfatória para nossa correspondência sobre objetivos únicos", Ross continuou. Sua reação me levou a oferecer, com algumas edições para maior clareza, as observações que ele considerou resolutivas:

> Ter um Objetivo Principal Definido é o meu mantra absoluto, e sempre digo às pessoas que, se forem tirar uma ideia do meu trabalho ou do de Napoleon Hill – que foi uma grande inspiração para mim –, que seja esta: tenha um objetivo absoluto e focado, pois foco e concentração resultam em poder. Vemos isso o tempo todo na natureza. Você pode empurrar as correntes de ar para fora do caminho com a mão, como faz o dia todo; mas, se o vapor de ar for concentrado em um espaço estreito, ele se tornará tão poderoso quanto uma bala. Isso é uma verdade universal. Portanto, ter foco lhe traz poder psicológico, psíquico e intelectual de maneiras que não podem ser resumidas. É necessário ter um foco absoluto e apaixonado, ao qual todo o resto é subserviente.
>
> E essa é uma barganha difícil da vida. Como costumo dizer, todos nós precisamos desempenhar várias funções: somos trabalhadores, artistas ou cuidadores; somos filhos, filhas e pais; somos vizinhos e cônjuges. E isso

nunca vai mudar. Mas, se você analisar seus heróis, sejam eles quem forem, descobrirá que o que aprecia e valoriza neles é *a única coisa pela qual eles viveram*. Para Helen Keller, foi o potencial humano; para Nelson Mandela, a democracia e a justiça; para Steve Jobs, a criação de uma revolução na tecnologia portátil; e assim por diante. Isso é verdade repetidamente: se você tiver foco, aumentará suas energias de maneiras que não pode reconhecer de antemão. Caso não tire mais nada deste trabalho, leve consigo a seguinte lição: tenha um Objetivo Principal Definido.

O artista marcial Bruce Lee, que é um herói para mim, disse algo que considero uma visão extraordinária da natureza e do desempenho humanos: "Não temo o homem que praticou dez mil chutes uma vez, mas temo aquele que praticou um chute dez mil vezes". Aprenda com isso; viva com isso; reflita sobre isso por um período de seis meses. Ter esse foco absoluto é o que o torna excepcional, e isso se espalhará por diferentes áreas de sua vida.

Eu sempre digo aos que estão preocupados com o fato de que um foco os tornará desequilibrados ou que os levará a negligenciar outras obrigações: *um foco bem escolhido pode abranger muitas bases diferentes*. Pode não significar que você chegue aonde precisa de todas as formas previsíveis, mentais e convencionais, mas um foco bem escolhido – seja ele esportivo, artístico, financeiro ou marcial – repercutirá em outras facetas da vida.

Uma das grandes dificuldades que as pessoas enfrentam ao escolher um objetivo é a falta de vontade de serem honestas consigo mesmas. Repetimos coisas para nós mesmos de forma mecânica; achamos que estamos sendo honestos, mas muitas vezes isso tudo é reflexo da pressão internalizada dos colegas, de como queremos parecer e do que consideramos virtuoso. Somos atormentados por essas limitações, ainda que dentro dos confins muito particulares de nossos pensamentos. Acredito que seja necessário jogar fora todo pensamento mecânico, todo pensamento habitual, e nos perguntar o que *realmente queremos*.

Tenho um amigo advogado em Washington, D.C., que estudou em uma faculdade de direito da Ivy League e foi bolsista jurídico em Princeton. Quando tudo terminou, ele esperava conseguir um emprego bem remunerado como advogado corporativo. No entanto, descobriu que seriam muitas as horas trabalhadas. Ele se interessava por comércio internacional e, por isso, aceitou um emprego na Comissão de Comércio Internacional em Washington, que resolve disputas de tratados. Mais tarde, ele me confidenciou: "Sabe, acabei percebendo que meu tempo livre é muito importante para mim". Ele adora ficção científica, jogos de RPG, feiras renascentistas e coisas do gênero – e não importa se isso é do gosto de todo mundo ou não, é do gosto *dele*. E também sabia que precisava ter uma boa vida; tinha de cumprir suas obrigações familiares. Mas não queria estar na via expressa do direito corporativo, que consumiria todo o seu tempo. E eu o aplaudo porque ele chegou a dizer: *meu tempo de lazer realmente importa para mim*. Isso, por si só, não é um Objetivo Principal Definido, mas é o tipo de honestidade que o leva a uma forma definida.

A vida não respeita meias medidas. Hoje de manhã eu estava com Kimi Shelter, vocalista da extraordinária banda de *rock* Starbenders, conversando sobre algo que escrevi em *Secrets of Self-Mastery* (Segredos do autodomínio), que é Apocalipse 3:16: "Assim, porque és morno, e não és frio nem quente, vomitar-te-ei da minha boca". Acho que um dos significados dessa declaração é que você pode ser a favor ou contra alguma coisa, pode ser quente ou frio, mas, quando é *morno*, está apenas ocupando espaço, por assim dizer; não está chegando a lugar algum; não está avançando ou promovendo nada; está à deriva. Kimi me disse que a primeira música do novo álbum do Starbenders, *Love Potions*, tem três minutos e dezesseis segundos. E ela já teve outras confluências com o número 316. Então, naturalmente, sugeri que fosse uma tatuagem. Essa declaração do Apocalipse contra os mornos é algo que as pessoas realmente deveriam considerar. Os mornos nunca são entregues; eles jamais nos levam a lugar algum. É isso que quero dizer quando afirmo que a vida não respeita meias medidas.

É muito raro chegarmos perto dos limites de nossa força. Talvez *nunca cheguemos* aos limites de nossa força. Por isso, passamos a vida nos subestimando. Se você se dedicar a qualquer tarefa que tenha em mãos, descobrirá que é, de fato, intelectual e, muitas vezes, fisicamente capaz de superar coisas das quais tem medo. Muitos sofrem de procrastinação. Acredito que a procrastinação seja o medo. Mas se você se dedicar à tarefa, não em sua mente, porém na realidade, descobrirá que é muito mais forte do que pensa, sobretudo quando a tarefa é apoiada por um desejo sincero. O desejo é o motor que impulsiona um Objetivo Principal Definido. Ele é uma paixão emocional e é necessário porque o fará superar os períodos de desânimo, retrocesso, fracasso ou falha temporária.

Meu desejo de ter sucesso como historiador e escritor de espiritualidade alternativa é tão forte que nunca me abandona. Sinto exaustão física antes de sentir o esgotamento desse desejo. Permita que isso o ajude; permita que suas emoções o ajudem.

E isso significa, mais uma vez, que devemos ser honestos. Quantas pessoas dizem: "Eu quero um milhão de dólares" – mas o que de fato querem é liberdade e possibilidade de viajar; é mais tempo com a família; é algo que pode contradizer seu desejo de um milhão de dólares. Portanto, se você não for honesto, não sairá do lugar. De fato, uma das razões pelas quais não chegamos a um objetivo acionável é que temos propósitos diferentes e, às vezes, conflitantes, como almejarmos um milhão de dólares, trabalharmos para consegui-lo, mas, na verdade, desejarmos viajar ou ter tempo para lazer ou aquilo que achamos que um milhão de dólares proporcionará. É fundamental não confundir meios com fins. Identifique os fins. A partir dos fins, temos a capacidade intelectual de perguntar: "Como preciso chegar lá?". Se você confundir meios com fins, tudo fica caótico.

Para mim, foi um grande avanço ser honesto comigo mesmo sobre a emoção que sinto quando estou na mídia e falando em público. Quando sou reconhecido na rua, quando alguém me pede para autografar um livro... bem, coloque nisso o rótulo que quiser, não importa; essas são minhas experiências de pico emocional. E ser franco comigo mesmo sobre isso realmente passou a significar muito para mim, ajudando-me a relaxar. É importante admitir esse tipo de coisa, pois nossa cultura não nos permite isso. Assim que você faz uma confissão honesta, alguém aparece balançando o dedo e falando sobre apego ou identificação. Essas são apenas palavras das quais temos uma descrição aproximada baseada em consenso. Elas não chegam ao cerne do que realmente motiva um indivíduo criativo e pensante, o que pode ser muito diferente para você e para mim. Mas não chegaremos a lugar nenhum até jogarmos fora o catecismo, o vocabulário espiritual, e pararmos de usar isso como uma espécie de resposta pronta para descrever a vida. Devemos nos perguntar: "O que eu realmente quero?". Isso pode surpreendê-lo.

Se não perguntarmos isso com sinceridade, ficaremos em lugares que não nos servem mais. Desperdiçamos tempo em relacionamentos, locais de trabalho, amizades e situações familiares que não nos servem, que podem até ser angustiantes. Eu, por muitos anos, permaneci em situações sociais ou de trabalho em que pensava: "*Se ao menos eu conseguisse fazer com que alguém visse algo do meu ponto de vista, eles me dariam o que estou procurando*". Infelizmente, isso quase nunca acontece. E nós nos prendemos a esses relacionamentos padronizados. É muito útil perceber que você pode se afastar de qualquer relacionamento. Pode haver consequências emocionais ou financeiras. Não estou negando nada disso. Mas estou dizendo que pode ser profundamente libertador chegar à conclusão de que você *pode se* afastar. Portanto, decida o que quer e seja corajoso e sensato em relação a isso. Seu objetivo lhe dá a liberdade de priorizar.

Vou concluir com algo que citei anteriormente de Napoleon Hill: "Torne seu plano flexível o suficiente para permitir mudanças a qualquer momento em que você se sentir inspirado a fazê-las". Voltaremos a esse princípio no "Hábito 4 – Persistência flexível". Antes de explorar isso, porém, quero dar um passo adiante e considerar o poder da necessidade e do desejo.

HÁBITO 3

A força da necessidade

O quanto você quer o que quer? O maior fator individual que o leva ao seu objetivo é um senso de urgência. Meu amigo e colega de busca Lucas Whelan ofereceu esta fórmula para a mudança e a realização pessoal: "Você tem de estar em um lugar que seja mais doloroso do que crescer". Talvez você já tenha passado por essa experiência. Às vezes, chega um dia em que o vício, a autossabotagem, a dúvida sobre si mesmo ou os maus-tratos nas mãos dos outros o encham de uma sensação de desespero ou anseio tão grande que o ímpeto para a mudança surge naturalmente. Esse pode ser um dos dias mais dolorosos, mas também gratificantes, de sua vida.

Também podemos nos deparar com uma dificuldade circunstancial que nos atinge com a força da necessidade, como sentir o desejo de independência financeira. Quando eu tinha quinze anos, isso me ocorreu com o impacto da verdade absoluta – o que James chamou de "experiência de conversão" – de que meus pais não teriam condições de me sustentar até a idade adulta. Comecei, então, a traçar um plano que permitisse algum grau de autossuficiência. Eu não estava buscando riquezas, mas uma existência significativa, expansiva e financeiramente sólida.

Outras vezes, é claro, o dinheiro em si *é* o objeto principal. O palestrante motivacional e empresário Jim Rohn escreveu em um livro de 1985:

> Ei, e se você *tivesse que* ser rico? E se a vida de alguém que você ama *dependesse* de você poder pagar o melhor tratamento médico?

> Vamos supor ainda que você acabou de descobrir um livro ou uma fita cassete que lhe mostra como fazer fortuna. Você o compraria? É claro que sim!
>
> ... há *muitos* livros e fitas bons sobre o tema da criação de riqueza. Mas se você não precisa ser rico, provavelmente não os lerá nem dedicará tempo para ouvi-los. Há um velho ditado que diz: "A necessidade é a mãe da invenção!". Que verdade! Com isso em mente, sempre trabalhe em seus motivos primeiro e nas respostas depois.

Sempre trabalhe primeiro em suas razões e depois nas respostas. Os motivos podem ser – e, para serem reais, devem ser – todos seus. Eles não precisam ser enfeitados, um ato que o separa da ética autêntica, da compreensão de si mesmo e da paixão motriz.

Enquanto eu me preparava para trabalhar nesta seção, um membro do meu grupo MasterMind me enviou por e-mail o artigo da revista *Inc.* de 31 de março de 2021, intitulado "Science Reveals a Brutal Truth About Pursuing (Much Less Achieving) Certain Goals That Most People Realize Too Late" ("A ciência revela uma verdade brutal sobre a busca (e muito menos a conquista) de certos objetivos que a maioria das pessoas percebe tarde demais"). Nele, o autor explorou vários trabalhos recentes de ciências sociais sobre a eficácia da definição de metas. Tais estudos concluíram que dar significado à sua meta torna sua busca mais rica, feliz e sustentável. Os dados gerais foram apresentados da seguinte forma:

> Digamos que você queira ganhar mais dinheiro para poder comprar um carro mais sofisticado; a pesquisa mostra que perseguir uma meta relacionada a bens materiais o deixará menos feliz. Mas se você quiser ganhar mais dinheiro porque deseja economizar para que seus filhos possam ir para a faculdade, ou ajudar seus pais idosos, ou retribuir

à sua comunidade... agora você deu a essa mesma meta um significado intrínseco.

Por mais que isso pareça inaceitável, quero fazer uma pausa cuidadosa. Tenho dúvidas sobre os tipos de estudos abordados nesse artigo e, para ser mais específico, sobre a implicação de que seu objetivo deve ser reprocessado por meio de algum outro propósito, presumivelmente mais elevado. Em minha experiência, o mais importante é que *sua meta seja honesta*. Ela não precisa ser condicionada ou atenuada pelas decisões ou valores proclamados de outra pessoa ou grupo, ou pelo que você acha que o faz "parecer bom", mesmo que seja apenas em sua mente – que, em geral, é a lente da pressão internalizada dos colegas.

De acordo com minha observação, os fatores mais prováveis para trazer resultados são a paixão e a honestidade consigo mesmo. A propósito da passagem da *Inc.*, nunca encontrei alguém que quisesse "ganhar mais dinheiro" sobretudo para "retribuir à comunidade". E você? Mas sentir-se compelido, interna ou publicamente, a enquadrar seus desejos em tons de altruísmo também pode ser um ato de higienização. Tal atitude o separa de suas necessidades autênticas e da urgência que as acompanha. O que você de fato quer e o porquê são questões íntimas. Cabe apenas a você definir. Elas não exigem defesa ou reprocessamento.

Além disso, acho que muitos desses estudos contemporâneos sobre definição de metas, felicidade humana, significado e assim por diante podem ser muito menos completos do que as manchetes fazem parecer. Ao analisar as pesquisas que o jornalista citou, descobri que a primeira incluía dois grupos de estudo, o maior e mais significativo incluía 64 participantes (29 no grupo ativo e 35 no grupo de controle) e envolvia apenas três sessões de uma hora para se definirem metas realizadas em três semanas não consecutivas. Eu questiono o que um trabalho tão modesto e de curto prazo pode revelar. Até mesmo as métricas de felicidade aprimoradas observadas em relação a ele – 8% e 12% no grupo ativo – são tão pequenas que esses resultados provavelmente seriam desqualificados em um estudo farmacêutico. Os pesquisadores, no entanto, consideraram esses "aumentos significativos". E mesmo aceitando os resultados, quem conduziu essas sessões de definição de metas? Esse indivíduo é hábil em estimular, orientar, incentivar, enquadrar? Às vezes, acredito que estudos assim medem a eficácia do clínico mais do que qualquer outra coisa.

Você pode se perguntar o que de fato está por trás das minhas objeções. Elas se baseiam em um problema filosófico que tenho com outra pessoa, seja usando o manto de dados clínicos ou truísmos morais, seja *estabelecendo valores sobre o que você quer.* É da natureza humana olhar para o que o outro quer e categorizá-lo sem necessariamente entender o que o motiva, quem ele é, de onde ele vem e que necessidades invisíveis um objetivo pessoal pode preencher.

Vamos voltar à ideia de Jim Rohn. Ele não está dizendo que seu senso de necessidade não pode estar a serviço do outro. De fato, Rohn cita um exemplo, mas não o está enquadrando como uma regra básica. O fator crítico é que seu senso de necessidade seja autodirigido e real. Caso contrário, ele provavelmente fracassará. É por isso que a necessidade é importante: *ela toca suas emoções e, ao mesmo tempo, o impele a considerar todas as vias de realização.* Essa tem sido minha experiência. Considero a necessidade o maior fator, embora não o único, para levá-lo ao seu destino.

Na linha do que acabamos de explorar, talvez você já tenha sido levado a sentir que seu objetivo é superficial ou irrealista. Bem, conforme mencionado, muitas vezes o que um observador percebe como superficial pode considerar algo em você que não é visto, que é difícil de enunciar ou que é íntimo demais para ser dito. Isso não o torna menos válido. No que diz respeito ao realismo, essa pode ser uma crítica justa; leve-a a sério. Um propósito real não é fantasia. Minha regra básica é que seu objetivo é real desde que você possa dar *passos reais*, mesmo que incipientes, em direção à sua realização. O ato de progredir em direção a algo, mesmo que de forma incremental, indica autenticidade. Se um passo levar a outro, o realismo provavelmente está presente.

Como sugerido no capítulo anterior, uma etapa saudável e libertadora para a implementação do realismo e da necessidade é identificar o que é *desnecessário* – e deixá-lo de lado. A voz da necessidade é o método mais simples e mais negligenciado de poder que você tem. Livre-se de tudo o que for contrário a ela.

É quase inacreditável a quantidade de atividades supérfluas em que nos envolvemos. Muitas vezes, isso ocorre para aliviar o tédio, chamar a atenção ou dizer a outras pessoas o que fazer (uma falha humana generalizada). Esse problema é mais fácil de ver nas mídias sociais. Toda vez que estiver prestes a fazer uma publicação ou comentário, pergunte a si mesmo: *isso é necessário?* Vivemos em uma época, pela primeira vez na história, em que cada pensamento aleatório ou fugaz, por mais imaturo ou estranho que seja, pode ser anunciado, memorizado e acessado para sempre em bancos de dados digitais. Isso é um desastre. Recentemente, uma importante editora foi demitida por tweets feitos quando ela era menor de idade e pelos quais havia se desculpado anos antes. A permanência das consequências resultantes de frivolidades ou más escolhas on-line nunca deve ser subestimada.

Levei muito tempo para aprender essa lição. Ainda estou aprendendo. É difícil seguir a lição porque a mídia social, por sua estrutura, incentiva a dopamina da atenção, a emoção de experimentar ou se envolver em confrontos (incluindo insultar ou humilhar alguém), o medo da exclusão e, em suma, seu uso é viciante. E intencionalmente. Por isso, muitas vezes é tentador fazer um comentário bobo, zombeteiro ou que busque atenção. O fator determinante é que quase tudo na mídia social é uma espécie de concurso. E um comentário pode desencadear essa competição e gerar um atrito que desperdiça tempo. Saia dessa situação.

O mesmo acontece com a conversa. Durante o *lockdown* da covid, a "conversa fiada" ficou limitada. Algumas pessoas sentem falta dela. Mas observe com atenção quando ela voltar. Em questões de necessidade, você pode ou não querer revelar suas atividades a alguém com quem tenha contato aleatório em um passeio de carro, visita ao dentista, elevador ou voo. Muitos encontros casuais se concentram em reclamações, o que pode ser desgastante. Compartilhar suas ideias também pode atrair opiniões indesejadas, algo que Napoleon Hill advertiu especificamente.

Necessidade implica praticar um grau de autossuficiência. Muitas vezes pedimos às pessoas que façam coisas para nós – "você pode me trazer o carregador do celular?" – que podemos realizar com facilidade sem as sobrecarregar. Esse tipo de comportamento se intensifica nos locais de trabalho em que alguns parecem dedicar todo o tempo a fazer com que os outros resolvam as coisas por eles. Quando eu trabalhava em uma editora, uma vez calculei que 20% do meu dia lá era dedicado a corrigir erros ou detalhes que haviam sido deixados incompletos, na maioria das vezes porque alguém não leu um conjunto de instruções ou não olhou uma nota explicativa. Ou simplesmente não se importava. Você pode calcular uma porcentagem maior em sua vida profissional. Eu chamo isso de "despejo de tarefas": fazer tarefas para outra pessoa por causa da indiferença aos detalhes. A prática da autossuficiência também o torna um colega melhor.

Fui inspirado pelo professor espiritual Vernon Howard (1918-1992). Certa noite, Vernon falou a uma sala cheia de alunos: "*Tudo o que estou tentando dizer é: por que vocês não deixam as pessoas em paz?*". Ele estava explorando como invadimos cronicamente a vida dos outros com comentários, fardos e atritos estranhos. Aderir à necessidade ameniza essa crise e, em nossa era digital, proporciona uma maneira de se destacar. O que você economiza em tempo, atenção e energia pode ser dedicado a mais coisas que de fato lhe são importantes.

Em suma, ao se abster do desnecessário, você: 1) reduz as possibilidades de atrito (sobretudo nas mídias sociais); 2) promove a autossuficiência; 3) evita o ressentimento do "despejo de tarefas" (que é uma violação ética do tempo de outra pessoa); 4) experimenta o autorrespeito de carregar o próprio peso; e 5) preserva atenção e energia para as tarefas que realmente importam. Evitar o desnecessário garante que você aceite a necessidade – e o progresso que ela traz.

Necessidade não é o mesmo que uma crise, mas a necessidade escalonada pode se tornar uma crise. Por isso, revisaremos esse ponto mais tarde, quando estivermos lidando com questões de emergências ou urgências.

HÁBITO 4

Persistência flexível

Na excelente tradução de 1968 do oráculo chinês antigo, o *I-Ching*, feita pelo sinologista John Blofeld, o hexagrama 36 diz: "Deve-se evitar a persistência que leva à loucura". Como é possível persistir diante de dificuldades e barreiras repetidas sem cair nessa armadilha?

Isso me remete a uma manhã recente. Eu já havia passado por uma noite de insônia repleta de ansiedades com relação ao trabalho e à carreira. Independentemente de nossa perspectiva ou temperamento individual, todos temos noites assim e nunca procuro esconder esse tipo de coisa em meus textos. Quando levantei, fui, aparentemente ao acaso, a uma passagem de *Quem pensa enriquece* que elevou minhas emoções e acalmou minhas ansiedades. Trata-se de um "Guia oculto" que nos testa. A observação de Napoleon Hill no Capítulo 8, "Persistência", diz o seguinte

> Às vezes, parece que existe um Guia oculto cujo dever é testar os homens valendo-se de todo tipo de experiência desanimadora. Aqueles que se levantam depois da derrota e continuam tentando chegam lá; e o mundo grita: "Bravo! Eu sabia que você era capaz!". O Guia oculto não permite que ninguém saboreie uma grande realização sem passar pelo TESTE DE PERSISTÊNCIA. Quem não faz o teste simplesmente não passa de ano.
>
> Os que fazem o teste e passam por ele são generosamente recompensados por sua PERSISTÊNCIA. Recebem, como compensação, a conquista do objetivo que estão perseguindo. E não é só isso! Recebem algo infinitamente mais importante que a compensação material – o

> conhecimento de que "TODO FRACASSO TRAZ NELE A SEMENTE DE UMA VANTAGEM EQUIVALENTE".

Isso é verdade? Existe um "Guia oculto"? Bem, posso lhe dizer com certeza que o momento foi propício. Mais ainda, todos nós vivemos de suposições, sejam elas espirituais, sejam elas materialistas ou de qualquer outra natureza. Sugiro permitir que seu "talvez" fique do lado da autoconfiança. A persistência e a autoconfiança, quando abordadas de forma flexível, podem produzir resultados notáveis. Uma das facetas da persistência flexível é que o resultado pode ser gratificante, mas também *surpreendente.*

Costumo dizer que, quando você está lutando por algo – seja de que natureza for –, deve estar muito atento à chegada ou à realização do seu desejo. Conforme explorado no "Hábito 5 – Aproveite as forças inesperadas", a sua libertação pode chegar de forma radicalmente imprevisível; ou, pelo mesmo princípio, *a solução pode parecer tão rotineira que você tende a ignorá-la.* Acredito que, com frequência, descartamos oportunidades – e até eventos extraordinários – porque não chegam até nós da maneira como imaginamos.

Todos nós somos criaturas preconceituosas. Queremos soluções que reflitam crenças, expectativas e autopercepções preexistentes. Certa vez, conheci o autor de um livro sobre como curar infecções sinusais naturalmente. Milhares eram os fãs que lhe agradeciam. Ele fez um excelente trabalho e ajudou inúmeras pessoas a se recuperarem de infecções crônicas. No entanto, ele me confidenciou que certa vez teve uma infecção sinusal e, por mais que tentasse empregar os próprios métodos – e já os havia utilizado com sucesso no passado –, a coisa não se resolvia. Por fim, tomou antibióticos e se recuperou. Isso não significa que suas ideias de saúde natural estivessem erradas ou falhas, mas o mundo é complexo e, às vezes, precisamos nos adaptar a ele.

Sua solução pode chegar até você de maneiras novas ou aparentemente rotineiras. Coloque um vigia no portão e fique atento. Há muitos mitos e parábolas antigos em que um deus, um mensageiro misterioso ou um rei está disfarçado de viajante comum. Aqueles que o ajudam ou demonstram hospitalidade recebem recompensas. Metaforicamente falando, considere se você está negligenciando um mensageiro misterioso porque ele está vestido de forma errada. Esteja atento a isso, pois é um detalhe que pode mudar tudo para você.

Só posso presumir que minha vida não é excepcional ou diferente da de qualquer outra pessoa; então, compartilharei uma experiência de minha jornada. Hoje, vivo coisas que desejei desde muito, muito jovem. Houve anos de interrupção, e ainda há tarefas inacabadas, mas levo a sério algo sugerido pelo filósofo e dramaturgo Johann Wolfgang von Goethe (1749-1832), que é o fato de que aquilo que desejamos quando jovens nos visita em ondas quando estamos velhos. Portanto, seja cuidadoso. Examine suas memórias mais antigas e julgue a veracidade dessa afirmação a partir de sua perspectiva.

Agora, há desejos não realizados também – algo pelo qual ansiamos, como a própria respiração (algo essencial à vida). O que há com tudo isso? Bem, gostaria de fazer algumas observações. Primeiro, às vezes nos concentramos no que não podemos ter – como um interesse amoroso não correspondido. Em alguns casos, descobri que uma coisa – não posso dizer o que, mas a experiência foi inconfundível – me *protegeu* do que eu queria, como um emprego ou um relacionamento íntimo, apenas para receber algo melhor e, mais tarde, descobrir que o foco anterior do meu desejo teria sido esgotante e desastroso. Concentre-se no que você quer. Não barganhe nada. *Mas esteja sempre pronto para que seu desejo seja realizado de outra forma.* Essa é uma parte vital do hábito cósmico da persistência flexível.

Ainda que a vida nos traga tragédias, nos deparamos com avanços extraordinários e inesperados. Em certos casos, uma perda aparente ou até mesmo dolorosa é uma vitória, que leva tempo para ser revelada como tal. Certa vez, uma organização espiritual me expulsou de suas fileiras. Minha busca espiritual foi considerada muito pouco ortodoxa. Fiquei magoado, mas mantive a validade de minha busca. Mais tarde, essa mesma organização foi envolvida em um escândalo e fiquei feliz por não estar mais ligado a ela. O que antes parecia ser um prejuízo, tornou-se uma dádiva. Há uma persistência saudável em defender suas crenças.

Ninguém questiona o fato de que nossos comportamentos e hábitos podem contribuir para uma catástrofe, porém as mesmas forças também podem cultivar momentos de profunda inovação. Algo que descobri é que a persistência tem um poder de realização notável. Ela é mais frequentemente mencionada do que exercida. Conheço poucas pessoas que *de fato* persistem.

É claro que pode ser difícil persistir. No entanto, nós nos sustentamos registrando *vitórias intermediárias*. Nesse sentido, gostaria de compartilhar uma citação que com frequência é atribuída a Goethe. É provável que você já a tenha visto, ou parte dela, reproduzida como um ditado motivacional ou inspirador. Goethe, contudo, não a escreveu nem a proferiu exatamente. Trata-se de uma versão livre do prelúdio da peça *Fausto,* do dramaturgo, traduzida em 1835 pelo poeta irlandês John Anster:

Você está falando sério?
Aproveite este exato minuto:
O que você pode fazer, ou sonha que pode, comece;
A ousadia tem gênio, poder e magia.
Apenas se empenhe, e então a mente se aquecerá;
Comece e então o trabalho será concluído.

Embora reflita tanto a perspectiva do tradutor quanto a de Goethe, considero a passagem verdadeira e acredito que a obra de Goethe concordava com sua orientação geral. Essa é a premissa na qual esse hábito se baseia. Se o desejo estiver realmente presente, então o registro de vitórias provisórias, com base na ação, torna-se uma força de sustentação, fundamentação e validação. No entanto, para nos valermos da vitória, precisamos ter a flexibilidade de vê-la como um espectro: a vitória é refletida de volta para nós de maneiras inesperadas. E esse é o passo para o qual nos voltamos agora.

HÁBITO 5

Aproveite as forças inesperadas

Quero ampliar uma observação feita aqui antes. Ao buscar oportunidades, degraus ou pontos de apoio, não se concentre excessivamente na forma como eles aparecem. Muitas vezes nos convencemos de que o emprego, o diploma, o relacionamento ou o financiamento que buscamos devem chegar e ter uma aparência específica. Mas seja cuidadoso. Conforme já observado, o recipiente ou recurso de que precisa muitas vezes chega até você de uma maneira diferente da imagem em sua mente.

A mente busca o familiar, porém a realidade é difusa. "As coisas que são boas para você", disse Napoleon Hill em 1952, "as coisas que mais deseja, começam a voltar para você e, muitas vezes, vêm das fontes mais inesperadas."

Na verdade, a vida tende a negociar: você costuma receber alguma versão prática do que precisa – possivelmente, do que precisa ou talvez algo melhor –, mas apresentada por *meios convenientes, simpáticos ou disponíveis*. Portanto, a entrega difere da natureza do que você idealiza. Não permita que isso o desanime.

Alguns dos artistas e criativos que mais admiro disseram "sim" em momentos propícios e receberam recursos vitais para seu trabalho. Outros buscaram recursos especificamente, dedicando-se a veículos, gêneros ou projetos disponíveis e convenientes.

Esse processo ocorreu na carreira do cineasta George Romero (1940-2017), famoso por *A noite dos mortos-vivos*, *Despertar dos mortos* e outras obras cinematográficas de mesma temática. Romero, considerado um visionário do terror, desenvolveu o subgênero zumbi, que é abundante em filmes, séries, livros e videogames. A criatura devoradora de carne que Romero criou – ou, de certa forma, recriou – é tão reconhecível quanto Drácula ou o monstro de Frankenstein. Ambos foram reinvenções na tela, respectivamente, de um *corpus* anterior de folclore e do texto de terror de 1818 da romancista Mary Wollstonecraft Shelley. Romero, porém, não começou com o desejo de dirigir filmes de terror ou de inventar um subgênero.

No fim da década de 1960, o nativo de Pittsburgh estava ocupado filmando comerciais locais e filmes industriais. Como muitos jovens diretores, seus olhos estavam voltados para a direção de um longa-metragem. Mas o autor em ascensão disse que ele e seus colaboradores não tinham interesse em fazer um filme de terror especificamente. Na verdade, Romero e seus parceiros tomaram uma decisão pragmática de gravitar em torno do gênero devido à disponibilidade de investidores e canais de distribuição. Era um meio para um cineasta entrar no mercado.

"Com *A noite dos mortos-vivos*", disse o diretor ao autor Paul R. Gagne, que documentou a carreira de Romero em seu livro *The Zombies That Ate Pittsburgh* (Os zumbis que comeram Pittsburgh), "aprendi, acima de tudo, que as pessoas podiam fazer isso... fazer filmes... filmes que pareciam e soavam como filmes. Que não era preciso ter nascido para isso... que não era preciso viver em Hollywood."

A jogada de Romero deu certo. Talvez até demais, já que o inquietante e inovador *A noite dos mortos-vivos* acabou elevando-o a um ícone do terror e até mesmo da sociedade. Embora Romero tenha se aventurado em outros gêneros, sua capacidade de atrair investidores e público o fez voltar ao terror pelo resto da carreira. Em entrevistas, o diretor expressou certa frustração com relação a esse fato. Mas ele também se tornou uma lenda. Considero isso um bom negócio.

Por motivos semelhantes, outro nativo de Pittsburgh, o romancista e roteirista Jerry Stahl, colaborou com o cineasta Stephen Sayadian no clássico erótico pós-apocalíptico *Café Flesh*, de 1982. Os artistas, que se conheceram quando trabalhavam para a revista *Hustler*, de Larry Flynt, em meados da década de 1970, em Columbus, Ohio, perceberam que o gênero pornô – embora não fosse conhecido como um destruidor de limites artísticos – poderia lhes dar a liberdade e o financiamento para fazer um filme inovador. Desde que cumprissem certos requisitos. Em 2021, a cineasta Jacqueline Castel conversou com os criadores do filme para as notas de capa de um lançamento inédito da trilha sonora de *Café Flesh*, do compositor Mitchell Froom, descrevendo como os três subversivos encontraram no pornô o veículo criativo de que precisavam:

> Sayadian ficou entusiasmado com a perspectiva do potencial do gênero e, desde o início, recebeu um nível incomum de liberdade criativa em suas produções, devido ao seu sucesso fora do comum na *Hustler*: "A oportunidade na pornografia era que, uma vez que você fizesse sexo, todo o resto estaria aberto", disse ele. "Não há nada que você não possa fazer"... Stahl relatou sobre a entrada em filmes pornográficos com Sayadian: "Eu diria que é menos pelo fato de ser pornografia do que pelo fato de eu estar trabalhando com um artista visionário". E continuou: "O sexo, para mim, era quase a coisa menos inovadora. O fato de ser pornografia era incidental. Foi assim que conseguimos entrar. Foi assim que conseguimos um orçamento".

Esse tipo de tática nem sempre envolve desafiar limites. Antes de me dedicar em tempo integral à escrita, eu era o editor-chefe de um selo da Penguin Random House que publicava livros sobre metafísica. Com frequência, incentivava os escritores espirituais com os quais eu trabalhava – muitos deles também meus amigos – a dizerem sim a projetos básicos de não ficção voltados para o gênero, porque esses esforços lhes proporcionavam o dinheiro e o público para perseguir os conceitos esotéricos pelos quais sentiam paixão. Eles podiam explorar suas ideias não de modo diluído e sem importância, mas de forma completa e robusta – e também com um enquadramento que atraísse os leitores do gênero. Essa abordagem não impediu, é claro, que se envolvessem em outros projetos com temas mais esotéricos, alguns dos quais também editados por mim. Mas a publicação de categorias ou gêneros possibilitou a esses bons autores meios de expressão práticos e remunerados.

Se você se interessa por arcanos, esoterismo, metafísica ou ocultismo, um "livro de receitas" básico sobre astrologia, tarô, meditação ou magia pode lhe proporcionar o veículo para explorar uma visão extraordinária de tópicos, histórias e temas. De fato, costumo aconselhar escritores iniciantes com interesses ocultos ou paranormais a estudar redação de notícias. Acredite ou não, na verdade, é insuficiente o número de escritores bons e competentes que atendam à demanda por títulos básicos e voltados para o gênero nessas áreas. Isso, pelo menos enquanto eu estava trabalhando com eles. Se você conseguir escrever frases com sujeito-verbo-objeto sobre o Pé Grande, encontrará leitores. Mas poucos aspirantes a escritores investem tempo para aprimorar sua arte. Muitos dos livros que tive orgulho de publicar tinham o tipo de apelo básico de gênero que estou descrevendo. Por exemplo, pegue *The Tarot*, de Robert M. Place; ou *Supernatural*, de Richard Smoley; ou *Aleister Crowley*, de Gary Lachman. Esses artistas bem-sucedidos fizeram um excelente trabalho dentro e fora dos parâmetros de gênero.

Como escritor, tenho tentado seguir meus conselhos. Este livro é um exemplo disso. Para mim, os gêneros de autoajuda e espiritualidade prática são bons recipientes para explorar e aplicar ideias esotéricas e ocultas. Nem sempre percebi de antemão que estava colocando ideias esotéricas dentro de títulos, temas ou estruturas tradicionais. Na verdade, alguns leitores perspicazes me escreveram para dizer que notaram o que eu estava fazendo antes de mim.

Comecei minha carreira de escritor como historiador da espiritualidade alternativa. Eu me considero um "historiador crente". Participo dos campos que documento, assim como a maioria dos historiadores de religião, mas muitas vezes sem dizer isso. Também escrevo sob a perspectiva da filosofia prática. No mercado literário as categorias de autoajuda e espiritualidade prática estão prosperando e são populares. Elas são sempre relevantes. O mercado é bem definido. Portanto, ao escrever nesses campos, posso explorar – de modo integral – um panorama de assuntos que são ao mesmo tempo profundamente significativos para mim e que atingem um público amplo, algo com o qual também me preocupo. Meus tópicos encontram expressão em gêneros suficientemente comerciais, mas também suficientemente flexíveis, para que eu possa ter sucesso como autor dedicado à exploração metafísica.

Não se engane: eu vivo de acordo com cada palavra que escrevo. Dedico-me a compartilhar os fatos da minha pesquisa e nunca estendo minha palavra além disso. Mas, ao escrever, pelo menos em parte do tempo, dentro da veia da metafísica popular e da autoajuda – assim como os criativos mencionados que atuaram dentro do horror e da pornografia –, consegui produzir um corpo de trabalho que é, espero, exploratório, aventureiro e, em termos de mercado, sustentável.

Se eu insistisse que um recipiente estivesse em conformidade com a minha visão – e às vezes isso também ocorre –, poderia limitar minha capacidade de me comunicar com uma ampla gama de leitores. Meu sonho de ser um escritor autossustentável ficaria mais distante. Peço que considere como esse princípio pode se aplicar à sua vida. Isso é parte do que quero dizer quando aconselho: *nunca negligencie as forças inesperadas de realização.*

Deixe-me acrescentar uma observação para evitar qualquer mal-entendido. Nada do que estou dizendo envolve "vender-se", o que defino como colocar o dinheiro acima da qualidade. Tampouco significa reduzir a maturidade de seu trabalho. (As editoras erram quando incentivam indiretamente o "emburrecimento" dos livros. Os leitores são uma minoria excepcional. Respeite-os.) Estou pedindo que você identifique com cuidado os veículos que podem transmitir seu trabalho. Nunca comprometa seus pontos centrais ou ideais. Nesse sentido, inspiro-me no que a romancista e filósofa capitalista Ayn Rand escreveu em seu ensaio de 1962, "Doesn't Life Require Compromise?" (A vida não exige compromisso?):

> Não se pode alcançar a vitória de suas ideias ajudando a propagar o oposto delas. Não se pode oferecer uma obra-prima literária "quando se fica rico e famoso" a um público que se adquiriu escrevendo lixo. Se, no início, foi difícil manter a lealdade às próprias convicções, uma sucessão de traições – que ajudaram a aumentar o poder do mal contra o qual não se tinha coragem de lutar – não facilitará as coisas mais tarde, mas as tornará praticamente impossíveis.

Parte desse hábito, assim como os outros destas páginas, provém da natureza. A natureza fornece recursos de forma eficiente. Existem poucas rotas indiretas de chegada na natureza – embora possam existir rotas surpreendentes. As árvores aparecem nas montanhas não porque as sementes foram roladas morro acima, mas porque os pássaros em voo as deixaram lá. A água não sobe, ela desce, por isso as fazendas costumam estar localizadas em planícies ou terras baixas. A geada e a neve acumuladas facilitam o crescimento da primavera, uma vez que o aumento da temperatura permite a vegetação, a flora e as plantações. A vida é sustentada por padrões simétricos e simbióticos. Fique atento a eles. Esse é o cerne da Força Cósmica do Hábito. Ralph Waldo Emerson escreveu em seu ensaio "Fate" (Destino), em 1860: "A natureza não é perdulária, mas toma o caminho mais curto para seus fins".

Napoleon Hill colocou isso da seguinte forma em sua palestra de 1952 sobre a Força Cósmica do Hábito:

> A natureza tem maneiras definidas de fazer tudo de acordo com hábitos fixos que são inexoráveis e não podem ser contornados, não podem ser evitados. E nas ações químicas da matéria, desde a menor partícula de matéria, que são os elétrons e os prótons do átomo, até as maiores partículas de matéria que existem nas estrelas nos céus, todas as ações e reações da matéria são baseadas nos hábitos fixos da Força Cósmica do Hábito. E na perpetuação de todo ser vivo por meio do princípio sexual, cada semente reproduz sua espécie, mas cada reprodução individual é modificada pelas vibrações do ambiente em que existe.

Essas possibilidades se repetem em sua esfera pessoal. A embarcação que você procura, o financiamento de que precisa, a experiência ou a educação que está buscando, o relacionamento que deseja, pessoal ou profissional, provavelmente chegarão por meio de canais ou veículos inesperados e até mesmo não procurados. Muitas vezes, eles são inatos ao seu ambiente. Cultive a conscientização sobre eles. Quando esses canais, carruagens ou veículos se apresentarem, observe com atenção suas possibilidades. Se atenderem ao que você precisa – mesmo que esse atendimento seja diferente do que você achava que estava esperando –, *use-os.*

Também gostaria de observar que, ao buscar a solução para um problema pessoal, nenhuma opção deve estar fora de cogitação – inclusive aquelas que nossos colegas ou ninhos culturais podem não validar.

A ortodoxia não pertence a um lado ou a outro. Ela é uma constante da natureza humana. Por isso, é comum encontrar ortodoxias e preconceitos no cenário espiritual alternativo e em suas culturas adjacentes. Coisas consideradas "convencionais" – como dinheiro, produtos farmacêuticos, moda, riqueza, cirurgias eletivas ou estéticas, bens de consumo, cultura pop e assim por diante – às vezes são julgadas sintomas, em vez de soluções. Mas suas associações com elas são individualizadas. E as soluções podem vir de inúmeras fontes, assim como os problemas.

Peço que o leitor pense livremente sobre o que é certo para você. Sem a aprovação de ninguém mais. E sem se sentir limitado pela sabedoria transmitida. O dinheiro não pode resolver problemas? Ele soluciona muitos problemas. Pode nem sempre estar disponível, mas isso não deve ser confundido com sua utilidade.

Muitas vezes, quem não possui algo fala sobre seus limites. Ou aqueles que *possuem* algo e não abririam mão disso por nada no mundo falam sobre o vazio de prêmios, bens mundanos ou atributos pessoais.

O objetivo não é favorecer uma ou outra perspectiva, mas favorecer a sua.

Mesmo ao usar abordagens metafísicas, nas quais acredito com firmeza, as soluções podem surgir por meios aparentemente estabelecidos, rotineiros ou comuns. Tanto é assim que podemos deixá-las de lado. Por exemplo, quem disse que uma solução não pode vir na forma de uma pílula? Por que isso é menos milagroso do que qualquer outra abordagem?

Encontro pessoas nas mídias sociais, como tenho certeza de que você também encontra, com ideias rígidas sobre o que constitui "espiritualidade". Como qualquer religioso ortodoxo, elas podem insistir que os "princípios verdadeiros" seguem determinadas linhas. Elas escrevem coisas como: "A única maneira de conhecer a verdade é...". Preencha o espaço em branco com sua experiência. Aqui, estamos interessados na *sua* experiência.

Nos círculos espirituais, às vezes nos dizem para averiguarmos os fatos por nós mesmos. Esse princípio deve ser levado a sério. Ele não pode significar verificar algo e voltar quando o que você encontrou corresponder ao que eu já acredito. Investigue por si mesmo alguma solução que talvez não seja apoiada por sua subcultura. Determine o valor dela somente para você.

HÁBITO 6

Sempre mais alto

É natural ficar preso a padrões de retenção. Entrar em uma rotina com os mesmos colegas, clientes, companheiros de trabalho, esforços e locais. Mas isso acabará por bloquear suas energias e seu potencial de crescimento. Às vezes, alcançar objetivos mais altos significa *abrir mão de opções inferiores*. Quer dizer recusar eventos, empregos e fontes de renda que, embora possivelmente tranquilizadores, dominam seu tempo e sua energia de forma sutil e gravitacional, mantendo-o no lugar entre colegas e meios limitadores.

É um fato estranho da natureza humana que novos caminhos se retenham até que desenvolvamos a coragem de dispensar os antigos.

Enquanto escrevo estas palavras no início de 2021, fico impressionado com uma simetria que detectei quase por acidente. Sempre que eu dizia "sim" a encontros que pareciam questionáveis – talvez a palestras em locais que não tinham orçamento adequado –, mais eventos desse tipo apareciam. No entanto, quando eu recusava oportunidades que não eram do meu interesse – fosse pelos motivos que acabei de citar, fosse simplesmente porque as possibilidades pareciam instáveis –, novas e mais significativas ofertas chegavam até mim.

Não podemos ter certeza da base dos eventos. Mas parece claro que, como o crescimento é contínuo, a manutenção de uma data ou vaga em aberto –, aguardando com coragem uma oportunidade significativa em vez de se render a uma oportunidade "segura" – parece, em minha experiência, resultar em uma realização progressivamente maior. Costumo dizer às pessoas que é muito melhor ficar sozinho do que aceitar má companhia. Ao se esforçar para conseguir os tipos de compromissos sociais, relacionamentos ou amizades que deseja, se sentirá mais confiante, sua autoestima vai melhorar e você se tornará alguém mais cativante e magnético, com maior probabilidade de atrair as coisas necessárias.

Como já escrevi em alguns artigos, é provável que haja qualidades extrafísicas na comunicação – em *Quem pensa enriquece*, Napoleon Hill descreve um "sexto sentido" como o décimo terceiro passo para a riqueza. Nas décadas que se seguiram ao seu livro, o estudo acadêmico da transferência anômala de informações, ou o que é em geral chamado de PES, validou estatisticamente, em vez de refutar, a tese de Hill. (Escrevo mais sobre isso no "Hábito 22 – Espere grandes coisas".) É improvável que os debates em torno do assunto sejam resolvidos tão cedo. Mas eu não descartaria a perspectiva de que, quando você opta pelo crescimento, sua recusa do que não quer é uma decisão emocional e intelectualmente integral que pode, de alguma forma que não entendemos, resultar em um ato de comunicação ou seleção na direção do que é desejado.

Ao tentar almejar algo mais alto, você não está apenas metaforicamente subindo uma escada, na esperança de alcançar um novo degrau. Isso pode ser parte do processo. Mas uma parte igual – e, em alguns aspectos, maior e autodeterminante – é *recusar o que você não quer*, o que quase sempre está ao seu alcance. Liberar o familiar é assustador. E esse é o seu valor. A recusa intencional é uma medida corajosamente autogerada e unilateral que você pode tomar agora mesmo, ou quase a qualquer momento, *para estabelecer seu conjunto de padrões*. Nunca faça isso de forma leviana. Como acabamos de explorar, os recipientes para oportunidades podem chegar até você de maneiras diferentes de suas imagens idealizadas. Portanto, seja prático, mas, ao mesmo tempo, honre a lei natural que preenche um canal quando ele se esvazia.

Há um ditado no setor imobiliário que diz: nunca queira ter a casa mais bonita do quarteirão. Se tiver, isso significa que as propriedades menores só poderão desvalorizá-la. Em vez disso, você deve estar em uma posição de se beneficiar do valor das propriedades vizinhas. Uma dinâmica semelhante pode ser aplicada a seus relacionamentos profissionais e comerciais. Como disse minha parceira, a cineasta Jacqueline Castel: "É melhor ser a pessoa menos talentosa em um projeto". Você se beneficia de colaboradores, investidores e colegas de trabalho que o superam e o elevam intrinsecamente; que exigem mais de você; que melhoram o seu melhor.

Tive que aprender essa lição da maneira mais difícil – e talvez você também tenha aprendido. Você já teve a experiência de estar sentado em uma reunião ou uma chamada pelo Zoom e perceber, com um frio na barriga, que estava ouvindo uma série de ideias medíocres ou fora do padrão? Quando eu trabalhava na editora, às vezes me deparava com o preconceito de não dedicar recursos de marketing a determinados tipos de livros – em geral, reedições, traduções ou antologias: obras que não eram consideradas o perfil certo para publicidade. No entanto, se estavam vendendo bem – e possivelmente superando suas contrapartes mais convencionais –, qual a vantagem para o catálogo (ou para os proprietários ou investidores da empresa) em não dedicar recursos a elas?

Por exemplo, certa vez publiquei uma nova tradução das meditações de Marco Aurélio que se mostrou surpreendentemente comercial. As livrarias da área da baía da Califórnia começaram a solicitar a presença do cotradutor para autógrafos, um filósofo conhecido que morava em Oakland. Levei essa boa notícia a uma colega sênior da área de publicidade, que pareceu confusa e respondeu: "Bem, normalmente não organizamos sessões de autógrafos para esse tipo de livro...". Sua voz se arrastou. Ao mesmo tempo, os recursos de publicidade estavam sendo dedicados a uma narrativa de não ficção sobre sobrevivência na selva. Era um livro valioso, mas que não vendeu tão bem. Apesar disso, somas significativas foram dedicadas a ele, porém nenhuma à tradução mais bem-sucedida; isso se deveu à percepção. O filósofo foi deixado para fazer os arranjos com a livraria por conta própria, sem nenhum apoio. Seu livro é vendido até hoje. Essa lógica invertida me dizia que eu nem sempre lidava com colegas que pudessem me elevar. Às vezes, eu estava na posição de tentar elevá-los em vez de melhorar a mim mesmo. Esse é o tipo de posição em que você não deve ficar.

Ter objetivos mais altos significa buscar colegas que o superem, que lhe ofereçam um patamar mais elevado ao qual aspirar e que possam corrigir suas deficiências de forma colaborativa, em vez de deixar que você (muitas vezes em vão) tente corrigir as deles, o que costuma resultar em ressentimento e futilidade, em vez de melhoria real. De fato, a maioria das pessoas não quer melhorar. Elas querem determinar quem, dentro de uma organização ou parceria, concede favores e dinheiro e, em seguida, agradar esse indivíduo (que também pode estar no mesmo nível de talento) – e não fortalecer sua produção.

Alguns dos maiores erros que cometi na vida envolveram me contentar com colaboradores seguros ou medianos. Sempre que possível, busque colaboradores, chefes, financiadores e colegas de trabalho cujo ritmo você deve se esforçar para acompanhar. Novamente, por medo, muitas vezes somos atraídos para relacionamentos de segunda categoria. Talvez apreciemos a atenção ou a disposição de certas pessoas para nos ajudar e, portanto, consentimos em trabalhar com elas porque *não temos certeza de que alternativas, possivelmente melhores, aparecerão*. A atenção e o entusiasmo são importantes, mas podem se esgotar. Eles não substituem o alinhamento com os melhores colaboradores possíveis.

Dinâmica semelhante aparece nos relacionamentos pessoais. Já testemunhei mais pessoas boas se prejudicarem por permanecerem em *relacionamentos íntimos desgastantes* do que por qualquer outro fator isolado. É uma característica humana comum – inclusive entre homens e mulheres altamente eficientes – temer a perda ou a solidão de forma tão aguda que se contentam com más companhias ou até mesmo com parceiros ou amigos emocionalmente abusivos. (Volto ao tópico de evitar a predação emocional no Hábito 20.)

A vida é complexa e, como tal, tento não afirmar as coisas em termos absolutos, mas anos de observação e experiência me deram total confiança na afirmação que fiz antes: *É muito melhor estar nobremente sozinho do que permanecer em má companhia.* Como já foi dito, você não apenas se sentirá mais confiante, mas também, como resultado de altos padrões de respeito próprio, atrairá parceiros melhores e mais simpáticos. Seja em termos de amigos, seja de um interesse amoroso, abandonar as relações deterioradas garante a proximidade com pessoas mais satisfatórias.

Essa decisão ou hábito revolucionário está em suas mãos. Ou quase sempre está. Mas você deve ser interiormente honesto sobre o que de fato deseja. Você quer amizades ou relacionamentos saudáveis? Muitas vezes nos apegamos a pessoas inadequadas porque nos desvalorizamos. Ou buscamos o conforto do que nos é familiar, mesmo quando é doloroso. O familiar infeliz nos dá um apoio frio, embora aparentemente estável. Ou duvidamos em segredo de nossa capacidade de atrair e manter relacionamentos mais completos. Por esses motivos, podemos prejudicar *o que dizemos querer* em relacionamentos ou colaborações. Almejar algo maior deve ser um desejo verdadeiro e uma decisão determinada, tanto em questões profissionais quanto pessoais.

É preciso reconhecer que almejar algo maior às vezes traz rejeição, e é por isso que evitamos essa busca. Acredito que passamos muito tempo temendo a rejeição ou tentando curar nossas feridas explicando-as. Eu mesmo sou culpado disso, mas nunca poderemos entender os motivos da rejeição de outra pessoa. Isso é altamente subjetivo e emocional. Tememos a mágoa que a rejeição traz, mas o medo da rejeição é o principal fator que nos prende a circunstâncias obsoletas e improdutivas.

Reflita: a rejeição é mesmo tão ruim? Ela costuma ser apenas circunstancial. Outra pessoa ou organização pode precisar ou entender o que você está oferecendo em determinado momento. Ela se baseia, em grande parte, na percepção. Já presenciei a rejeição se transformar em busca quando quem rejeitou anteriormente passou a temer que estava "perdendo a oportunidade". (No mundo das aquisições de mídia, "perder" é o maior pecado.) Um editor bem-sucedido me disse: "Nunca aceito um 'não' como resposta final. Porque as condições mudam e a resposta muda".

Todos nós projetamos nossas inseguranças naquilo que acreditamos não poder ter. Dessa forma, a dor emocional da rejeição geralmente é *criada por nós mesmos*. Ela também é superinflada. De fato, estamos mais aptos a insistir na rejeição do que na aceitação. Isso ocorre porque há emoções mais agudas envolvidas, sobretudo o medo intrínseco ao nosso senso particular de indignidade. Quando uma pessoa, um grupo ou uma empresa nos rejeita, isso faz com que essa parte pareça ainda mais importante ou atraente, simplesmente porque a rejeição atinge nossa própria dúvida. (Cuidado para que isso não seja usado contra você como uma ferramenta de manipulação, algo explorado no "Hábito 20 – Evite personalidades predatórias".)

Portanto, entenda que qualquer tentativa de alcançar um novo degrau inevitavelmente levará a rejeições ou falhas ocasionais. Isso é fato. Mas você não deve permitir que o medo da rejeição – que muitas vezes é uma criação emocional – o prenda em circunstâncias ruins. Isso equivale a estabelecer o que você teme. Comece a entender a rejeição menos como um evento externo e mais como sua *reação pessoal* – o que, com base no que acabamos de explorar, ela é. A dor da rejeição se dissipará mais rápido e será emocionalmente esquecida à medida que você experimentar os benefícios progressivos de almejar mais alto.

Cada vez mais alto é o único meio seguro de evitar companhias obsoletas, um princípio sobre o qual falaremos a seguir no "Hábito 7 – A lei da proximidade". Entrar em relacionamentos desafiadores ou superiores de forma saudável impulsiona seu crescimento e seus objetivos pessoais.

HÁBITO 7

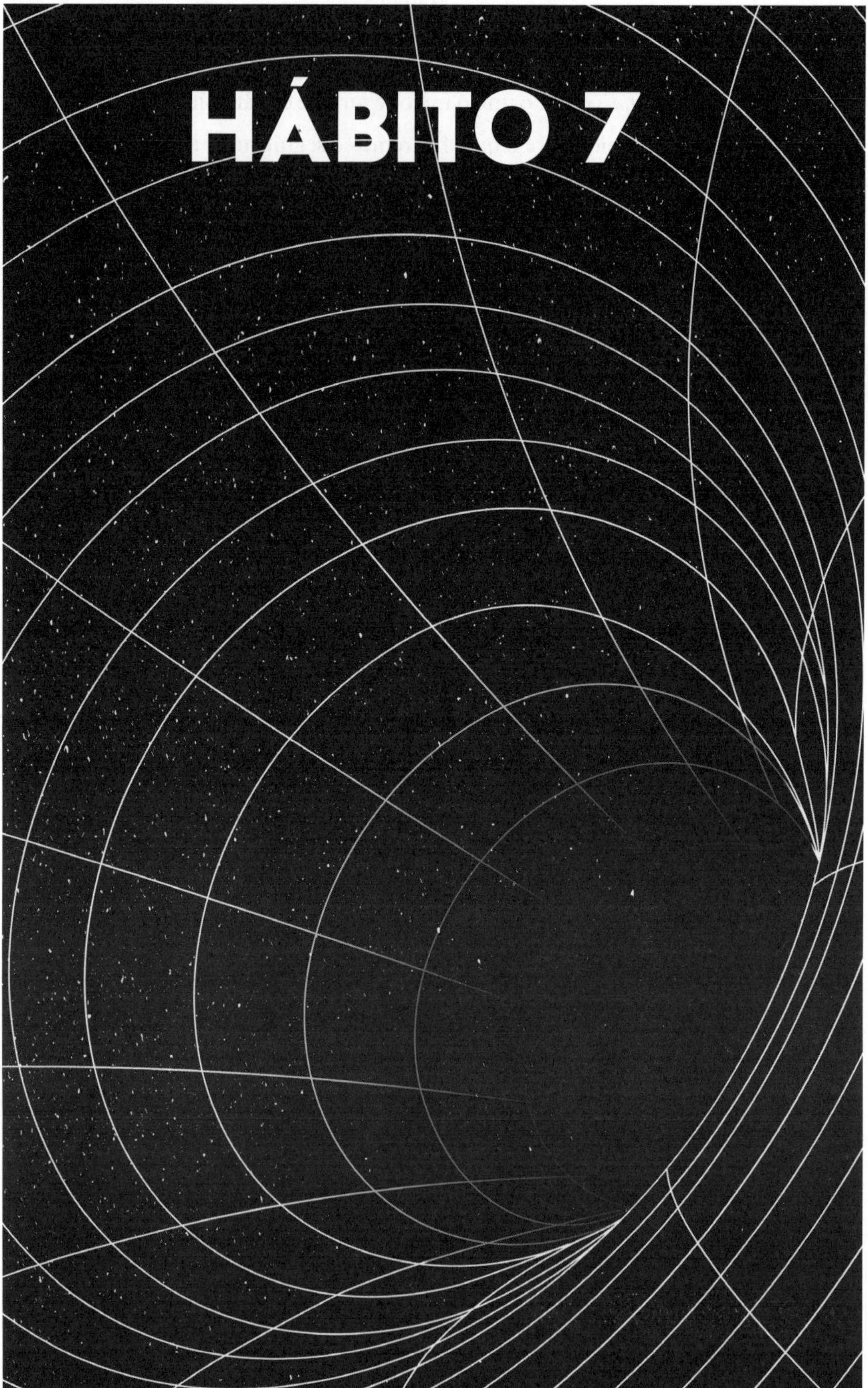

A lei da proximidade

"No exato momento em que entro em contato com qualquer pessoa que tenha uma má influência sobre mim", disse Napoleon Hill em uma palestra não publicada, "eu imediatamente me desassocio dessa pessoa. Não me importa quem seja. Pode até ser minha sogra ou um parente próximo. E, muitas vezes, acredite em mim, tive que me desvincular de parentes próximos." Aplaudo sua franqueza.

É fundamental buscar companhia, tanto pessoal como profissionalmente, que reflita quem você é e onde deseja estar. Nunca se contente em ter contato – seja profissional, seja íntimo ou social – com pessoas de ética, conduta, escolhas e proeza intelectual que não correspondam às suas aspirações.

Como você pode ver na declaração de Hill, esse princípio deve ser interpretado no sentido mais estrito e libertador. Em última análise, ninguém pode forçá-lo a se contentar com uma companhia de baixa qualidade. As consequências podem ser difíceis de suportar – em alguns casos, você pode considerá-las muito complicadas, sobretudo quando há necessidade econômica envolvida –, mas nunca negligencie a possibilidade libertadora que esse ideal sugere. De fato, se você se deparar com uma circunstância em que sinta que não pode romper laços desgastados, examine a questão cuidadosamente – certifique-se de que os laços são tão essenciais quanto você acredita. Muitas vezes, eles não são. Ou, se forem, a necessidade pode ser circunstancial ou temporária. Pode ter um limite de tempo.

Ao buscar relações fortalecedoras e rejeitar as que estão desgastadas, quero acrescentar uma advertência importante. Não estou falando de alpinismo social ou de restringir seus relacionamentos a pessoas que são "úteis".

Já presenciei abordagens desse tipo e elas geralmente são evidentes. Podem gerar alguns ganhos, mas vêm com o custo interno da autodegradação, que resulta em infelicidade e ansiedade. Você nunca respeitará a si mesmo a menos que seja capaz de interagir com diversos grupos de pessoas. E precisará da ajuda de muitas, incluindo aquelas que trabalham em ofícios, profissões ou que não atuam em nenhum campo específico, mas que possuem intelecto, sabedoria prática e confiabilidade. Portanto, lembre-se de que não estou falando de restringir seu círculo social àqueles que ocupam qualquer degrau profissional que você considere acima do seu, mas, sim, de desenhar um círculo que inclua apenas quem demonstre capacidade, intelecto e estabilidade. Ou outros fatores que você admira e aos quais aspira. Isso pode incluir características nas quais você se sente deficiente. Imite e não sinta ressentimento em relação aos que são exemplos a serem seguidos.

O escritor motivacional Anthony Norvell (1908-1990) escreveu sobre a lei da proximidade em seu livro de 1963, *The Million Dollar Secret Hidden In Your Mind* (O segredo de um milhão de dólares escondido em sua mente). Norvell aconselhou que, antes de admitir alguém em sua vida de forma séria e pessoal, você deve perguntar:

- Nossa amizade será boa para ambas as partes?
- O que eu tenho a oferecer a essa pessoa e o que ela tem a me oferecer?
- Ela tem hábitos negativos que podem impedir meu rumo na vida?
- Seus padrões são elevados?
- Tenho algo a aprender convivendo com esse amigo?

É claro que é necessário cultivar relacionamentos profissionais transacionais. Todo vendedor, investidor, empresário, redator de subsídios e artista sabe que mais negócios são feitos e mais projetos são financiados por meio de relacionamentos pessoais do que por qualquer outro fator. Sim, a excelência é importante; o retorno sobre o investimento é importante. Mas, na maioria das vezes, *as pessoas financiam aqueles que conhecem, de quem gostam e em quem confiam*. Na política e nas artes, aqueles que conheço que tiveram mais sucesso dedicaram uma parte significativa de seu tempo buscando a companhia de apoiadores. Isso nem sempre é fácil, e pode significar frequentar circuitos sociais – incluindo recepções, festas, bares e restaurantes – quando você preferiria estar em casa, de meias, assistindo a um filme. Mas é uma dura verdade da vida (e que eu mesmo nem sempre sigo) que cultivar relacionamentos é o meio mais eficaz de fazer transações comerciais. Se esse requisito for desanimador, considere sua escolha de carreira.

Há também um benefício concreto em circular entre grandes grupos de pessoas. A coincidência favorece aqueles que são notados. Em seu livro de 1986, *Como ter sorte*, o jornalista Max Gunther analisou as carreiras dos atores Kirk Douglas (1916-2020) e Lauren Bacall (1924-2014), que estavam tentando se destacar na cidade de Nova York no final da década de 1930 e início da de 1940. Ambos eram amigos. Bacall, embora mais jovem, teve sucesso primeiro e ajudou Douglas. Os dois tinham um hábito em comum, o que os levou a se conhecerem. Eles eram "conectores" inveterados – conheciam todo mundo. Gunther observa que Douglas

> ... envolveu-se com um turbilhão de pessoas e eventos. Uma pessoa que ele acabou conhecendo foi uma jovem aspirante a atriz chamada Lauren Bacall.
>
> Naquela época, parecia altamente improvável que essa jovem desconhecida, vestida com roupas baratas, pudesse ser o canal de uma sorte especial para ele. Ela não tinha poder ou contatos em lugares importantes. Se Kirk Douglas tivesse planejado sua vida social com o objetivo cínico de conhecer os ricos e poderosos, ele teria ignorado essa Lauren Bacall. No entanto, uma abordagem tão cínica e restrita provavelmente não produziria boa sorte. A personalidade sortuda acaba conhecendo

> todo mundo que encontra pela frente: os ricos e os pobres, os famosos e os humildes, os sociáveis e até mesmo os sem amigos e os rabugentos. É da natureza da sorte provocar mudanças rápidas, profundas e imprevistas nas situações e também nas pessoas.

Observe que esses artistas não se limitaram às fontes óbvias de benefícios. A codificação de estrelas pode parecer uma fonte evidente de benefícios, mas há muitas consequências ocultas. Sei, por meio de uma testemunha ocular, que anos atrás um famoso professor de psicologia de uma universidade da Ivy League repreendeu uma secretária do departamento por ter lhe dado tardiamente uma mensagem telefônica de uma celebridade poderosa com quem o professor havia colaborado. O professor estava ansioso para atender a esse grande astro, pois valorizava sua associação pública com ele. A celebridade? Bill Cosby. O próprio degrau que achamos que suportará nosso peso pode se quebrar sob nossos pés. Nunca se convença de que beijar um VIP ou influenciador é um plano sólido ou ético, pelo menos a longo prazo.

Há um potencial adicional para que a lei da proximidade seja usada de forma negativa. Algumas pessoas dentro de estruturas corporativas tornam-se impiedosamente adeptas do mau uso da lei da proximidade: elas fazem um trabalho medíocre, mas mantêm seus empregos porque aprenderam *a servir à burocracia*. Conheci gente em empresas de mídia que (talvez sem consciência disso) se considerava trabalhando não para o público, os investidores ou os artistas, mas estritamente para a burocracia interna e seus gerentes. Na verdade, às vezes essa é uma maneira de manter seu emprego. É também, e de forma infalível, uma fórmula para uma produção apática; um desserviço aos clientes, patrocinadores e colegas; e uma fuga da responsabilidade. Se a abordagem de trabalhar para a burocracia lhe traz segurança temporária no emprego, ela também vem acompanhada de autoabnegação.

Em suma, o verdadeiro significado da lei da proximidade aparece em uma máxima do filósofo escocês-americano Thomas Davidson (1840-1900). William James citou-a em uma elegia a Davidson em 1905: "Associe-se às pessoas mais nobres que você puder encontrar; leia os melhores livros; viva com os poderosos. Mas aprenda a ser feliz sozinho".

HÁBITO 8

Não deixe o medo controlar você

"A Força Cósmica do Hábito é sinônimo do grande Rio da Vida", escreveu Napoleon Hill em *A chave mestra para as riquezas*, "... pois consiste em potencial positivo e negativo, como todas as formas de energia." Nesse sentido, podemos nos perder em hábitos destrutivos tão facilmente quanto seu oposto. Entre os piores desses hábitos, muitas vezes tão devastadores quanto o vício em substâncias, está o *hábito do medo*. Ele exige uma consideração especial.

Em 1952, Hill descreveu o problema do medo da seguinte forma:

> Se quiser tirar o máximo proveito da grande coisa que lhe foi dada ao nascer, o direito de controlar a própria mente, você precisa aprender que sempre que o medo aparece, há algo em sua constituição que precisa ser corrigido. E o medo é como a dor física: é uma indicação de que há uma causa que precisa ser removida. Sabe, o dispositivo mais maravilhoso da natureza, talvez de todas as outras coisas, é o dispositivo da dor física. É a única linguagem universal por meio da qual a natureza fala com todas as criaturas vivas e que todas as criaturas vivas respeitam. E quando você está sofrendo mentalmente por meio de qualquer forma de medo, isso significa que há algo em seu caráter, algo em sua constituição que você permitiu que entrasse e que precisa ser interpretado e removido. E esses medos não vão se remover sozinhos, senhoras e senhores. Vocês têm de removê-los. É preciso encontrar a causa; é preciso elaborar um plano para eliminar essa causa, seja ela qual for.

Ao elaborar esse plano, é imperativo reconhecer que o medo, assim como uma companhia indesejada, pode assumir uma dimensão agradável ou familiar segura, mesmo que a experiência seja ostensivamente dolorosa. Lutei grande parte de minha vida com o medo. Para mim, o medo costuma ser uma espécie de *garantia de que estou sendo vigilante.* É irônico, mas o medo me dá sensação de segurança – como se eu estivesse "vigiando". De fato, quando eu era mais jovem, acreditava que abandonar o medo, ou mesmo tentar, me colocaria em risco. Isso significava baixar minha guarda. Essa é uma das maneiras pelas quais o medo se reforça. O medo se disfarça de proteção.

Mais tarde, porém, percebi que, na ausência de questões de segurança física, o medo não desempenhava quase nenhuma função produtiva em minha existência profissional. Aos poucos, deixei de ver o medo como uma fonte de proteção. Em vez disso, percebi que meu bem-estar, criativo, interpessoal e econômico, depende de três fatores:

1. **MEU DESEJO DE REALIZAÇÃO**. Alguns podem descrever isso como uma variante do medo, mas eu não concordo. Acho que a generatividade, a produtividade e a criatividade estão no centro de nossa existência.

2. **MINHA CONSCIÊNCIA SOBRE RESPONSABILIDADE FINANCEIRA**, orçamento e programação. Sei o que devo às finanças, às dívidas e ao comércio. Entendo minhas necessidades e minha obrigação para com elas.

3. **RECIPROCIDADE COM COLABORADORES E PRESTADORES DE SERVIÇOS.** Manter minha palavra em questões de prazo, entrega e conclusão é uma ética fundamental. Ayn Rand chamou isso de "santidade do contrato". Ela apresenta uma fonte de orientação mais positiva do que o medo.

Fiquei impressionado: com esses fatores como companheiros, *o medo é supérfluo*, pelo menos de uma perspectiva lógica. Fora das questões de segurança, o medo quase nunca acrescenta algo construtivo ou um *insight* a uma situação. É mais provável que o medo obscureça do que esclareça. E o medo causa todos os males físicos e emocionais conhecidos, desde insônia até o risco de doenças relacionadas ao estresse.

Dito isso, é muito difícil, senão impossível, persuadir-me *apenas com o intelecto* a não sentir medo. O medo atua sobre nossa mente, corpo e emoções. Lembre-se de que todas essas forças diferentes estão atuando em nós de forma independente. O intelecto diz: "Não vou ficar com raiva", ou algo do gênero – mas as emoções têm vida própria e a raiva surge de qualquer maneira. Da mesma forma, o corpo segue o próprio caminho: certas formas de estresse começam no corpo e são tão difíceis de controlar (eu poderia até dizer impossíveis) quanto as emoções desenfreadas.

Portanto, antes de mais nada, não se sinta sobrecarregado pelo fato de seus pensamentos terem a *obrigação* de controlar suas ansiedades. Ao mesmo tempo, há alguns exercícios valiosos que você pode tentar fazer. Eles são baseados em filosofia esotérica, mas acredito que você os achará muito práticos.

1. **QUANDO SENTIR A ANSIEDADE** aflorando em suas emoções ou em seu corpo, você pode conversar de forma amigável e compreensível com seu centro emocional e dizer: "Estamos todos do mesmo lado aqui. Precisamos de uma boa noite de sono. Precisamos fazer nosso trabalho. Se você estiver chateado com alguma coisa, prometo que tentarei resolvê-la, mas vamos trabalhar todos juntos". Acho que existe uma qualidade diferente do eu – a qual chamo de Eu Sem Nome – que existe além do intelecto, das emoções e do corpo. Esse Eu Sem Nome, ou psique, se preferir (alguns podem dizer alma), é o ser que está falando. Fale em voz alta se isso ajudar. Ou em silêncio. Veja se você obtém uma resposta na forma de relaxamento.

2. **A REPETIÇÃO TEM SEU LUGAR.** Acredito que, mesmo que não consiga entrar no "estado de sentimento" de sua meta, você pode repetir afirmações. E isso é mais do que apenas um ato mecânico. Creio que a prática da afirmação, embora seja um desempenho consciente e mental, pode eventualmente e ao longo do tempo influenciar sua autopercepção. Uma vitória ao repetir uma afirmação e sentir um maior senso de autocontrole ou testemunhar um objetivo que se tornou realidade pode ser fortalecedor.

3. **HÁ UMA ENERGIA ESPECIAL NAS ATIVIDADES EM GRUPO.** Como alguns leitores sabem, entro em um curto período de intenção silenciosa – um "Clube do Milagre" de longa distância – todos os dias às quinze horas. Junte-se a mim quando quiser: todos os dias, de forma intermitente ou apenas uma vez. Nessa hora, penso em cada um de nós que estamos trabalhando juntos e desejo seu poder, honra e intenções mais elevadas. Não importa o que mais esteja acontecendo, a não ser que haja uma emergência médica, estou em pensamento-intenção-oração silenciosa nesse horário diariamente. Quanto mais fizermos isso juntos, mais poder teremos, um tema ao qual volto no "Hábito 15 – Cultive o poder interior".

4. **POR FIM, SEMPRE RECOMENDO ALGUMA FORMA DE MEDITAÇÃO** como método para romper padrões calcificados. Pratico a Meditação Transcendental (MT), sobre a qual você pode aprender on-line por meio da David Lynch Foundation.

Devo acrescentar uma observação com relação ao medo e ao dinheiro. O papel do medo nas finanças pessoais requer amplificação e exploração especiais. Muitos de nós crescemos com – e somos controlados por – atitudes de medo em relação ao dinheiro. Isso é natural. Nenhuma outra necessidade humana, além da sexualidade, é investida de maior complexidade emocional do que o dinheiro. É por isso que muitas vezes somos propensos a ações irracionais em relação ao dinheiro, incluindo gastos crônicos com dívidas ou o rompimento de laços e relacionamentos familiares por causa de disputas financeiras.

A emoção controla o dinheiro. Essa é uma verdade fundamental da vida. Assim, o medo muitas vezes nos domina na gestão do dinheiro, nos ganhos, nas dívidas e no senso de segurança financeira. Isso atrapalha decisões e pode até mesmo estragar o entusiasmo de uma pessoa pela vida. Escrevo estas palavras por experiência própria. Cresci em um lar assolado por uma crise financeira e isso me marcou para sempre.

No entanto, na idade adulta, também percebi que o medo – a menos que sinalize uma necessidade legítima de segurança – quase nunca produz um bom julgamento em relação ao dinheiro ou a qualquer outra coisa. O medo é provavelmente a maior barreira à sua capacidade de agir de forma construtiva. De fato, a própria procrastinação é um tipo de medo e pode ser a maneira mais comum (e negligenciada) que o medo assume. Só crescemos quando somos desafiados, mas não podemos crescer se o medo nos dominar.

Nesse sentido, estou fazendo uma adaptação do conselho imensamente importante de Napoleon Hill sobre o medo, dado no livro *Quem pensa enriquece*. Sempre que você se sentir atormentado pelo medo, inclusive no meio da noite ou nas primeiras horas da manhã, quando deveria estar dormindo, quero que reflita sobre este pequeno trecho. Pode haver momentos em que eu esteja fazendo isso com você. As palavras que você está prestes a ler são a verdade. Permita que atuem como um farol para guiá-lo pelos corredores do medo. Se achar esta passagem útil, escreva-a, pendure-a em algum lugar que possa vê-la e compartilhe-a.

> Nunca se deve negociar ou ceder diante do medo. Ele tira o encanto de sua personalidade, destrói a possibilidade de pensar com precisão, desvia a concentração de esforços, sufoca a persistência, transforma sua força

de vontade em nada, apaga a ambição, turva sua memória e convida ao fracasso em todas as formas possíveis.

O medo mata o amor, assassina as emoções mais sutis do coração, desencoraja a amizade e leva à insônia, à miséria e à infelicidade.

A emoção do medo é tão perniciosa e destrutiva que é, quase literalmente, pior do que qualquer coisa que possa lhe acontecer.

Se você sofre com o medo da pobreza, tome a decisão de se dar bem com qualquer riqueza que possa acumular SEM PREOCUPAÇÃO. Se você teme a perda do amor, tome a decisão de viver sem amor, se isso for necessário. Se você tiver uma sensação geral de preocupação, tome a decisão de que *nada do que a vida tem a oferecer vale o preço do medo.* Isso coloca a Verdade Suprema como seu suporte.

E lembre-se: o maior de todos os remédios para o medo é um DESEJO ARDENTE DE REALIZAÇÃO, apoiado por ações úteis em busca de seu objetivo.

HÁBITO 9

Pese o custo do sofrimento

Em um discurso não publicado, Napoleon Hill advertiu: "Evite pessoas e circunstâncias que façam você se sentir inferior".

Pense em como raramente damos ouvidos a esse conselho. E com que frequência nos envolvemos em correntes ou publicações de mídia social, relacionamentos, atividades e entretenimento que nos fazem sentir deficientes, irritados ou inferiores. Há um tipo de emoção lasciva nisso: ficamos com raiva, reclamamos, desabafamos e repetimos o ciclo. Fique muito atento ao *prazer* ou à satisfação que você sente com emoções e envolvimentos negativos – a falsa sensação de empolgação que isso pode trazer – e considere o que esse ciclo lhe custa.

O hábito cósmico anterior trata da liberação do medo. Revisemos isso por um momento. Agora, ostensivamente, não gosto de sentir medo. E, no entanto... embora seus efeitos possam incluir dor, a emoção em si – como raiva, agressão, truculência, intimidação ou gritos de vítima – causa um tipo de emoção lasciva; alivia as horas rotineiras da vida; nos faz achar que estamos no centro das atenções; proporciona um senso de desafio ou competição.

Por que outra razão persistiríamos em padrões claramente prejudiciais?

Conforme observado, há uma qualidade reconfortante na familiaridade, mesmo em dinâmicas dolorosas. Já ouvi o termo "vínculo com o trauma". Respeito essa percepção, mas minha proposta se baseia em premissas ligeiramente diferentes.

Certa vez, o professor espiritual Vernon Howard pediu aos alunos que escrevessem em um pedaço de papel a frase "falso sentimento da vida" – e que, depois, a estudassem por seis meses. Todos nós desejamos recompensa, emoção e entusiasmo, porém muitas vezes escondemos de nós mesmos *a maneira autonegativa pela qual buscamos isso.*

O anseio por emoção – tão evidente nos eventos de gladiadores no mundo antigo e na mídia e nos jogos esportivos violentos de hoje (e em muitas outras coisas) – é quase uma constante da natureza humana. Observe atentamente se você adquire um senso de competição, vivacidade e emoção por meio de conflito, raiva ou sofrimento buscados por si mesmo.

Nem sempre consigo observar esse padrão em minha vida, contudo meu argumento – e estou trabalhando nisso com você enquanto escrevo estas palavras – é que *geralmente encontramos aquilo que buscamos.* Isso é verdade mesmo quando o que buscamos chega até nós em uma forma da qual reclamamos. Às vezes, a reclamação *é* o objetivo. Criamos laços por meio das reclamações; fazemos com que os outros nos ouçam. Observe se seus fardos são selecionados por você mesmo como o meio mais rápido de obter atenção, relacionamento, emoção, competição, alívio do tédio ou alguma outra recompensa.

Todos nós testemunhamos profecias autorrealizáveis em que nós ou outras pessoas desencadeamos o que mais tememos. Mas por quê? *Por que apenas o medo produziria um evento?* Será que nós o "atraímos" psiquicamente? Será que o sentimos precognitivamente?[7] Ou algo mais? Ao refletir sobre a natureza das profecias autorrealizáveis, percebi que, repetidamente, o fator decisivo é a *supercompensação* – um de nossos maiores adversários. O medo da rejeição, por exemplo, pode resultar em forçar a barra com alguém, o que – é inevitável – gera rejeição. Com excesso, compensamos as falhas percebidas e, portanto, levamos essas falhas, fantasmas ou não, ao auge de nossa vida. É uma simetria estranha. No entanto, o poder não realizado reside nessa si-

7. Isso é mais do que uma suposição. Por exemplo, consulte "Intuition Through Time: What Does the Seer See?" (Intuição através do tempo: o que o vidente vê?), de Dean Radin, Ph.D., e Ana Borges, J.D., *Explore*, 2009, vol. 5, n. 4, pp. 200-211.

metria, desde que possamos nos conscientizar dele. Se os eventos são criados por nós mesmos, então eles podem ser alterados por nós.

Sempre fui fascinado pelo mito de Édipo e como ele cumpriu a profecia de que mataria seu pai e se casaria com sua mãe. Nos eventos da peça de *Édipo Rei*, de Sófocles, o herói trágico – poderoso em intelecto, mas vulnerável em orgulho e facilmente provocado pela raiva – tem tanto medo dessa profecia que a desencadeia por meio de uma série de comportamentos precipitados. O medo de um resultado, quando extremo, gera comportamentos que se pretendem como remédio, mas que, em vez disso, são veneno. A diferença entre remédio e veneno está na dosagem.

Portanto, alguém que teme a exclusão – seja nos negócios, seja na amizade ou na intimidade – lida com esse medo agindo de forma a tornar sua exclusão um fato. Ocasionalmente, pode haver um núcleo de verdade em nossos medos, mas o exagero ou a falta de autoconsciência o tornam um fator muito maior do que o necessário. A supercompensação também nos cega – Édipo acabou sofrendo de cegueira – de modo que não conseguimos detectar a oportunidade de ignorar a situação ou a companhia errada em favor de algo mais promissor.

Para citar um exemplo pequeno, mas vívido, vi isso acontecer em um minipsicodrama em uma festa certa noite. Um convidado de fora da cidade estava ansioso para ser visto e ouvido. Ele ficava insistentemente se intrometendo nas conversas ou interrompendo as pessoas, querendo a aceitação, a companhia e o reconhecimento delas. Mas sua ansiedade para ser visto fez com que aquelas de quem buscava atenção se distanciassem. Era um modelo do que estou descrevendo.

Pergunte a si mesmo hoje: O que estou invocando? Eu quero mesmo isso? Se sim, por quê? Se não, por que não? Por enquanto, preste menos atenção ao motivo por trás do seu desejo do que ao que ele está proporcionando.

E se o evento ou, o mais provável, o padrão de eventos lhe causar dor, será que se trata, na verdade, de uma busca mal direcionada por individualidade e poder? Novamente: muitas vezes recebemos o que buscamos. O que é buscado pode causar sofrimento, mas também proporciona algo, embora por meio de atenção autonegativa ou alívio incômodo do fracasso autocompulsivo. Às vezes, impulsionamos o fracasso para lidar com sua inevitabilidade percebida. Observe esses fatores com atenção.

O objetivo desse hábito, dessa conscientização, é buscar atenção positiva, não negativa; buscar o poder positivo pelo autodesenvolvimento, não o poder negativo por meio de apelos insistentes; buscar a autodireção em vez da autonegação, sobretudo nas relações com os outros. Esse tema continua em nosso próximo hábito: relacionamento construtivo ou, mais especificamente: como a arrogância o enfraquece.

HÁBITO 10

A arrogância enfraquece você

Napoleon Hill sempre escreveu sobre a necessidade de "tolerância", de aceitar diferentes pontos de vista, posições e assim por diante. Na era digital, muitas vezes marcada por um cinismo onisciente, esse tipo de princípio pode parecer inútil, sentimental ou irrelevante. A grosseria, o insulto, a provocação, a mesquinhez, o questionamento retórico e, acima de tudo, o sarcasmo dominam nossa era digital, ou seja, nossa vida.

"Você reconhece", perguntou Hill ao seu clube Success Unlimited, "... que não pode simplesmente se manter aberto a todos os comentários, a todas as influências, a todos os pensamentos negativos que estão sendo transmitidos pelo éter o tempo todo?"

Hoje, esse "éter" é a mídia social. É nela que passamos a maior parte de nossas horas profissionais, recreativas, de conversação e até mesmo íntimas. No total, passamos muito mais tempo no ciberespaço do que com amigos, entes queridos e até mesmo adversários. De fato, a sensação de comportamento livre de consequências que permeia a mídia social – uma falsa sensação, como muitos aprendem – intensifica a desinibição que sentimos ao lançar granadas verbais, algo que raramente seríamos tolos o suficiente (a palavra corajoso quase nunca parece se aplicar) para fazer na vida externa.

A menos que algum mal-entendido genuíno ou consequente esteja em jogo, não responderei a comentários sarcásticos ou perguntas retóricas nas mídias sociais. Essa não é minha única categoria para não responder, mas é a mais importante, e eu a recomendo. (Também tento evitar falar sobre assuntos que já foram explorados em meus livros ou artigos, embora abra exceções para perguntas sinceras.)

Grande parte do que alimenta as postagens nas mídias sociais não são pontos sociais ou políticos, mas *conflitos de vontade* – alguém faz um comentário do tipo sabe-tudo, outra pessoa o complementa e a corrente se multiplica de forma viral. Conflitos desse tipo são, em geral, uma perda de tempo, energia e recursos. Em geral, são atos de evasão que nos impedem de trabalhar e ter relacionamentos necessários. Observe atentamente a atração emocional que esses conflitos exercem sobre você.

O impulso de dominar ou superar um interlocutor alimenta milhões de cadeias de mídia social. Ele reflete a monetização da raiva em uma escala nunca antes experimentada. Essa compulsão se aproveita de outra doença da natureza humana, que é a necessidade, quase a obsessão, de expressar impulsos negativos em relação ao outro. Acreditamos que o fato de expor reclamações ou diminuir outras pessoas diluirá e, portanto, aliviará as tensões ou inseguranças particulares que sentimos. Essa é uma falsa barganha. Na verdade, o sarcasmo e a difamação, embora proporcionem um efeito momentâneo, fazem você se sentir pior porque a falsa cura fracassa e você arca com o ônus da reciprocidade pelo seu desdém ou acidez, o que geralmente causa vergonha. Ou, em uma visão diferente, a falsa cura é a *vergonha desviada*. Para nos protegermos de sentimentos de vergonha ou fracasso, mergulhamos em outra briga virtual, talvez obtendo mais uma emoção fugaz e fútil.

Por outro lado, toda vez que se abstém de fazer um comentário gratuito, tanto falado como publicado, você se fortalece sutil e autenticamente. Você pode testemunhar esse processo em si mesmo quase que de imediato. Da próxima vez que tiver a oportunidade de ser um espertalhão e *não a aproveitar*, você se sentirá com mais fibra. Teste isso.

Fico impressionado com o número de pessoas que nunca percebem que o silêncio é uma opção real. Muitos de nós, de modo sutil, somos condicionados a acreditar que o silêncio não é natural, seja pessoalmente, seja on-line. Muitas vezes incentivamos as crianças a falar sem motivo algum. Com frequência, consideramos as pessoas quietas, ou as que estão caladas em determinado momento como se estivessem ofendidas ou precisassem ser persuadidas a participar de qualquer atividade mais barulhenta que esteja ocorrendo.

Em muitas faculdades, os alunos são, de diferentes maneiras, incentivados ou até mesmo recompensados por compartilhar qualquer atitude, perspectiva ou sentimento que tenham, mesmo que isso seja acompanhado de uma experiência limitada com o assunto em questão. Como já mencionado, a economia on-line monetiza e exacerba essas tendências ao oferecer oportunidades infinitas e, muitas vezes, sem valor, para – o termo não parece ser apropriado – *compartilhar*. Em geral, sobre as coisas mais frívolas. Na verdade, a maior parte do compartilhamento, nesse contexto, é reclamação. A definição de reclamação não é exatamente oposição ou negatividade; é a obtenção de um senso de identidade a partir da expressão de toda emoção incômoda. Agora, envolver-se de forma construtiva *não* precisa significar dizer algo agradável ou anódino. Quer dizer avaliar o que expressar na *escala da necessidade*, conforme explorado no Hábito 3. Significa também que nem toda aversão particular precisa ser divulgada ou manifestada de forma afrontosa. Observe o que ocorre on-line quando surge o nome de qualquer autor ou tópico polêmico. É comum testemunhar um frenesi de respostas agressivas, como se não fosse possível dar atenção a uma referência que não seja bem o que se quer ouvir.

Há alguns anos, em um trem, vi uma mochileira de *dreadlocks* – uma jovem, talvez com dezenove ou vinte anos – pegar um exemplar usado de *A revolta de Atlas*, da filósofa capitalista radical Ayn Rand. Percebi que ela estava lendo profundamente o livro. Não tenho ideia do valor que a mochileira encontrou naquelas páginas, se é que encontrou algum, o que tende a provocar reações polarizadas. Mas, naquele momento, fiquei impressionado com o fato de que, se tivesse a oportunidade, jamais faria algo que depreciasse ou limitasse em outra pessoa a mesma busca desimpedida que desejo para mim.

Embora esse episódio tenha ocorrido antes da era digital, espero ter levado sua impressão comigo. A experiência me deixou com duas regras básicas pelas quais tento viver e com as quais encerro este capítulo:

1. *Nunca envergonhe uma busca autêntica.*

2. *A busca autêntica não requer um inimigo.*

HÁBITO 11

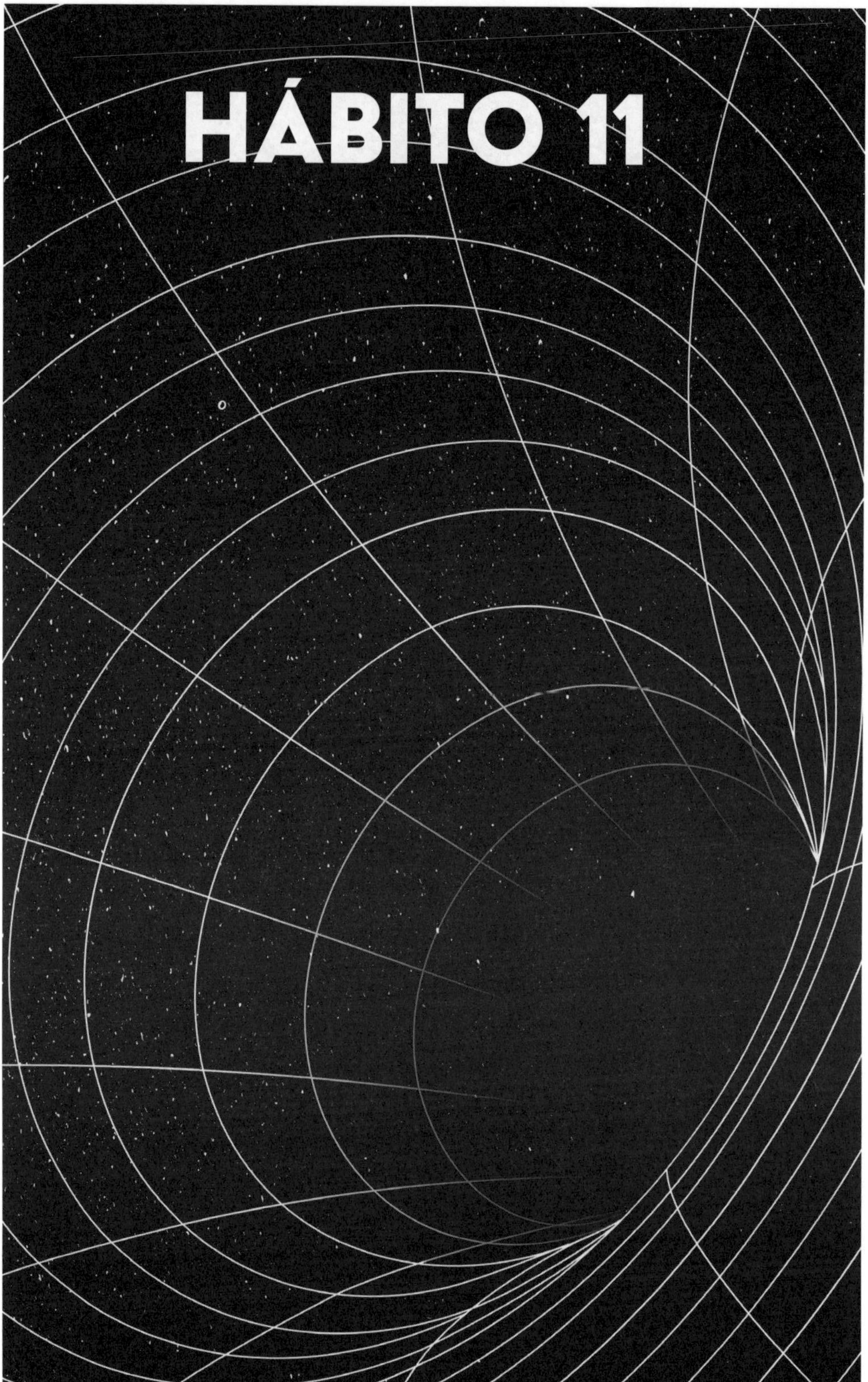

Diga a verdade, ou A divindade da reciprocidade

A reciprocidade é o árbitro silencioso que impõe a verdade. Ou corrige seu oposto. Não acredito que nossa era seja menos honesta do que as anteriores, mas nunca a humanidade teve uma diversidade tão grande de métodos para violar a verdade.

Em sua coletânea de 1870, *Society and Solitude* (Sociedade e solidão), Ralph Waldo Emerson escreveu no ensaio "Success" (Sucesso) sobre a crise da veracidade:

> Odeio esse americanismo superficial que espera enriquecer por meio de crédito, obter conhecimento por meio de batidas na mesa da meia-noite, aprender a economia da mente por meio da frenologia, ou habilidade sem estudo, ou domínio sem aprendizado, ou a venda de mercadorias fingindo que elas são vendidas, ou poder por meio da crença de que você é poderoso, ou por meio de um júri ou bancada lotada, suborno e "repetição" de votos, ou riqueza por meio de fraude. Eles acham que conseguiram isso, mas conseguiram outra coisa – um crime que exige outro crime... Nós nos apoiamos mutuamente nesta vida de espetáculo, ostentação, propaganda e fabricação de opinião pública; e a excelência se perde de vista na ânsia por desempenho e elogios repentinos.

Estou quase sem saber o que poderia ser acrescentado a isso, mas a declaração de Emerson merece atenção especial em nossa era de mídia social, quando as pessoas costumam comprar seguidores ou posicionamento em feeds, vender tweets, anunciar produtos subliminarmente e criar contas falsas. Como este livro se baseia nas ideias de Napoleon Hill, devo acrescentar que Hill chamou Ralph Waldo Emerson de herói. Por isso, acho que ler Hill e Emerson juntos é um bom exercício: Emerson fornece os fundamentos éticos necessários à visão de Hill.

Antes de continuar o tema da reciprocidade, quero explorar algumas das complexidades comerciais e interpessoais de nosso momento atual. A mídia social é, em grande parte, um sistema de jogos em que a venda é feita sob o manto do "compartilhamento". Desde meus tempos de editor, vi listas de preços em que atletas profissionais ou celebridades são pagos por agências de marketing para tuitar sobre produtos sem qualquer indicação aos seguidores de que a publicação é um anúncio sem rótulo e com fins lucrativos. Na maioria dos casos, a celebridade ou o atleta provavelmente nunca ouviu falar do produto. De maneiras diferentes, muitos de nós aderimos a esse modelo de fraude legalizada em que os "influenciadores" – com seus meios, métodos e fontes de renda ocultos – nos persuadem de alegações comerciais. Você pode ver por que Emerson foi inflexível em relação à fraude de sua época. O que sua declaração diz sobre a nossa?

O subterfúgio é tão comum no varejo e na mídia digital que é difícil perceber sua abrangência. A duplicidade também é uma característica assustadoramente comum nos negócios interpessoais. Na maioria das vezes, ela nunca é detectada. Mas há um preço. O infrator adota em silêncio o manto de mentiroso, que o segue na vida privada, silenciosamente e sem ser visto, porém com consequências sutis e cumulativas.

É impossível compartimentar o comportamento de alguém, assim como é impossível dividir os elementos que compõem a água e ainda ter a mesma substância. A vida é complexa. Ela é completa. *Você é quem você é onde quer que esteja*. Engane um cliente, colaborador ou seguidor de mídia social e, mais cedo do que imagina, você enganará um ente querido. Ou você será enganado. É assim mesmo. E lembre-se de que o comportamento pessoal quase nunca é condicionado pelas circunstâncias. Um ladrão é um ladrão tanto nos bons quanto nos maus momentos. Uma pessoa honesta geralmente é sempre honesta – não apenas quando é vantajoso. Caso contrário, ela é, por definição, desonesta. A natureza humana é consistente.

Falar a verdade é vital para a economia humana. A própria verdade forma uma moeda especial – pode ser a moeda definitiva. À medida que a economia global se torna cada vez mais digitalizada e as empresas se transformam em "plataformas" para a venda de produtos de terceiros, em vez de serem pontos de produção, a verdade pode se tornar a mercadoria mais preciosa do mundo. Mas a verdade é mais do que isso.

A verdade e a veracidade são os agentes vinculantes da vida. O fato de poder confiar em alguém determina com quem você faz negócios; a palavra de quem você aceita; como você se relaciona com seus amigos, vizinhos, colegas de trabalho, colaboradores e familiares; e, por fim, com quem planeja passar a vida. Em resumo, a verdade, ou sua percepção dela, determina quem você permite que entre e quem você exclui. A verdade é o laço invisível – ou, quando ausente, a fissura – que molda sua vida. É por isso que a violação da verdade é tão grave.

Infelizmente, a verdade é violada o tempo todo – nem sempre em momentos de conflito cismático ou particular, mas também em questões rotineiras, como as relações em seu local de trabalho, com quem você assina contratos, de quem é o conselho médico que você segue e quem contrata ou é contratado. Muitas vezes não percebemos ou reconhecemos violações da verdade até depois do fato. Se você for como eu, pode até *negar* que foi enganado. Isso dói demais. O desrespeito à verdade às vezes ocorre de maneiras que você não quer reconhecer.

Ao escrever estas palavras, lembro-me de uma situação em que fui enganado de uma maneira que veio à tona sem ambiguidade. Vários anos atrás, eu estava concorrendo para narrar a edição em áudio de um livro que seria transformado em filme. Eu era um fã de longa data daquela obra, amigo de seu autor e, como narrador frequente de audiolivros, estava ansioso e esperançoso para conseguir o trabalho. No entanto, a produtora supervisora, que eu nunca conhecera, parecia se opor arbitrariamente à minha participação. Ela me enviou um e-mail dizendo que o autor não queria que eu narrasse o livro, sem saber que éramos amigos. Falei com ele sobre o assunto e ele disse que o que me foi dito não era verdade; e compartilhou um e-mail que contradizia o que a produtora havia afirmado. Um amigo me consolou: "É uma mentira, mas é apenas uma mentira comercial". Bem, não tenho certeza se isso existe. A alegação de que "são apenas negócios" sempre me pareceu sem sentido, senão ofuscante. Novamente: a vida é completa. A verdade a une. A verdade está presente ou ausente.

Como sugere o título deste capítulo, minha história teve um desfecho positivo. Embora a produtora tenha me excluído, o filme foi um fracasso (o que observo sem satisfação), e logo narrei outra obra histórica icônica para a mesma editora de áudio. No segundo caso, o autor me escolheu a dedo após uma rodada de audições. O processo foi transparente. O projeto em si foi satisfatório ao extremo. Está entre as narrações das quais mais me orgulho. Ironicamente, ou talvez de forma significativa, eu não teria concorrido ao segundo trabalho se tivesse conseguido o primeiro, já que os dois projetos foram produzidos em paralelo. Em resumo, a violação da verdade me levou a um resultado melhor.

O que acabei de descrever é um dos estranhos mecanismos de reciprocidade, às vezes chamado de carma ou compensação. Seja qual for o nome, esse conceito sugere que, em última análise, nenhuma verdade ou negociação simples pode ser violada, pelo menos não permanentemente. Talvez nem sempre vejamos a oscilação do pêndulo que ajusta uma violação. Nem sempre nos é concedido – seja no tempo, seja na perspectiva – testemunhar uma correção de curso natural. Mas a natureza tende à estabilidade e à estagnação. Acredito que isso se aplica a eventos, personalidades e relacionamentos, assim como ao mundo natural.

Essa pode ser a dinâmica que Nietzsche tinha em mente quando escreveu em *Além do bem e do mal*, em 1886: "É *preciso* retribuir o bem e o mal – mas por que precisamente à pessoa que nos fez o bem ou o mal?" (mais uma vez, da tradução de Kaufmann). Nessa máxima, Nietzsche tem uma visão impessoal da vida, próxima da natureza da teologia védica. Eu poderia dizer que "a natureza *tem* de retribuir" em vez de "alguém *tem* de retribuir". As escalas de equilíbrio são, dentro do hinduísmo e do budismo tradicionais, invisíveis e inefáveis, não raro severas e espalhadas por vastos períodos de tempo. Mas não posso, é claro, desconsiderar o fato de que Nietzsche se dirige especificamente ao indivíduo. Ouvimos com frequência o conceito de "retribuir" quando recebemos um benefício. Mas será que esse conceito pode – *e deve* – ser aplicado também às injustiças da vida? Não me sinto à vontade com essa perspectiva, pois ela beira o rancor. Ao mesmo tempo, a afirmação de Nietzsche pode refletir modos de comportamento nos quais nos envolvemos o tempo todo. Cabe ao buscador determinar a aplicação final.

Acredito que vivemos, efetiva ou literalmente, sob uma "divindade da reciprocidade", para usar um termo do brilhante filme de terror de 2019, *Midsommar*.[8] Seu funcionamento é detectável em toda a vida.

Na verdade, os ciclos de reciprocidade me recompensaram em relação às palavras que você está lendo agora. Parte deste capítulo surgiu de um

---

8. Se estiver interessado nos temas de terror, recomendo assistir a um documentário notável sobre o gênero, *Woodlands Dark and Days Bewitched* (Florestas sombrias e dias encantados). Contribuí com um ensaio histórico para um livro que acompanha o Blu-ray.

material que elaborei vários meses antes deste texto, como seção integrante de um livro para o qual fui contratado para editar. Trabalhei horas a fio que excederam o salário. (Eu faria o mesmo em praticamente qualquer projeto.) Todos pareciam satisfeitos. No entanto, ao chegar a hora de fazer o segundo pagamento do nosso acordo e entrar em uma nova fase do trabalho, meu contratante se recusou a cumpri-lo. O que eu poderia fazer? Bem, não muito, porém tive o benefício de usar algumas de minhas observações em um contexto significativo neste capítulo.

Esse episódio contribuiu ainda mais para minha observação – feita de forma incipiente por Ralph Waldo Emerson em seu ensaio "Compensation" (Compensação), de 1841, e vivenciada por mim em inúmeras circunstâncias – de que se você puder esperar e manter a perspectiva, o lado oposto de uma decepção acabará resultando em libertação. Isso se traduz, por exemplo, em lições aprendidas, bens adquiridos, relacionamentos estabelecidos ou conquistas alcançadas. Muitos eventos parecem ter um pêndulo de equilíbrio rítmico. Essa também é uma das razões pelas quais Nietzsche observou em *Crepúsculo dos ídolos*, em 1889, conforme traduzido por Kaufmann: "*Fora da escola de guerra da vida*: o que não me destrói, me torna mais forte". O aforismo pode ser citado em excesso, muitas vezes como "o que não me mata", mas ele é magnético por causa da verdade. Conforme observado, esse *quid pro quo* nem sempre é observável em termos convencionais; no entanto, sua simetria muitas vezes se mostra rastreável ao longo do tempo.

A lei da reciprocidade significa que o engano ou a falta de transparência no trato o coloca no lado negativo da reparação. Em geral, a desonestidade deixa você a serviço de – e sujeito a – corrosão, em vez de generatividade. Os métodos da Força Cósmica do Hábito são o caminho da *fusão com a generatividade*, no qual você embarca por meio de um ponto de entrada básico: a veracidade. Isso significa que você está do lado das forças do crescimento. Você não serve à corrosão, mas está protegido daquilo que não serve.

Permita-me encerrar com as palavras do escritor e cineasta Carl Abrahamsson em seu *Sacred Intent* (Sagrada intenção), um livro de conversas com o artista e músico Genesis P-Orridge: "A honestidade protege". Grave isso em sua psique. É o código da reciprocidade.

HÁBITO 12

Dinamismo físico

Sem vitalidade física nada é possível. Se sua saúde estiver debilitada, a maior parte de sua energia será destinada ao gerenciamento ou à recuperação dela. Escrevo isso por experiência própria. No auge do confinamento por causa da covid, no outono de 2020, eu estava com 98 quilos, um peso considerado pouco saudável. Quando escrevo estas palavras, um ano depois, cheguei a 84 quilos e com tendência a continuar reduzindo. Como resultado, estou mais alerta, enérgico e capaz. Sem a saúde como algo fundamental, seus esforços se tornam dispersos.

A saúde se baseia em três fatores: estilo de vida, ambiente ao redor e aleatoriedade. O estilo de vida inclui práticas pessoais e é afetado pelo ambiente ao redor, que, por sua vez, inclui a geografia e a proximidade de condições saudáveis. A aleatoriedade engloba acidentes, eventos naturais e, em escala pessoal, predileções inatas ou genéticas. A maior parte de tudo isso, para a maioria das pessoas, é o estilo de vida. Esse fator pode ser influenciado por você – física, emocional e mentalmente – e deve ser tratado com cuidado.

Embora muitos dos "hábitos cósmicos" deste livro se concentrem na psique, no trabalho, nas relações e na conduta, este hábito é dedicado ao físico.

Eu o desafio a fazer algo agora mesmo. Durante a leitura destas páginas, dedique dez dias consecutivos – um período propositalmente curto e fixo – aos cinco hábitos a seguir:

1. **FIQUE LIMPO.** Você consegue se abster de álcool, maconha ou outras drogas durante os dez dias propostos? A bebida perturba os padrões de sono

e a produtividade, além de atrapalhar o trabalho. O mesmo acontece com muitas substâncias intoxicantes. Nossa nação como um todo provavelmente está bebendo demais. Este livro não é um programa "seco" e não estou aconselhando a abstinência (a menos que você esteja em recuperação). No entanto, se não conseguir se abster de intoxicantes por dez dias, pode estar enfrentando um problema. Um breve período de sobriedade também pode lhe proporcionar percepções importantes sobre si mesmo e seus padrões de energia. Se preferir, você sempre poderá voltar às práticas antigas após esses dez dias, mas esse interlúdio proporciona uma pausa saudável e lhe dá uma nova perspectiva sobre como você funciona em ambas as condições.

2. **CEM FLEXÕES POR DIA.** Sei que esta etapa pode lhe exigir ajustes, mas lembre-se de que não é tão difícil quanto parece. E a recompensa em termos de humor, respeito próprio e vibração física é considerável. A única exigência é que você faça cem flexões diariamente em uma única sessão, divididas em séries conforme sua necessidade ou desejo. Se conseguir fazer apenas oito ou dez seguidas, tudo bem. Veja como melhora em apenas uma semana. Essa é uma maneira gratuita de entrar em forma e se beneficiar da terapêutica mental adjacente. No momento em que escrevo este capítulo, o avô da minha parceira está com 93 anos. Nós o acompanhamos em uma chamada de vídeo no seu aniversário e, naquele dia, ele fez 160 flexões em séries individuais de trinta. Esse é um objetivo alcançável.

3. **MEDITAÇÃO REGULAR.** Pratico a Meditação Transcendental duas vezes por dia. (Às vezes, não tenho muito cuidado com os horários e, ocasionalmente, perco as sessões.) Para se beneficiar de um programa de meditação, é necessário um horário fixo. Quando estou no caminho certo, sento-me todos os dias uma hora depois de acordar e mais uma vez no final da tarde ou no início da noite. Peço que você tente algum tipo de prática meditativa constante durante esses dez dias. Isso pode envolver "apenas sentar"

por dez minutos duas vezes ao dia. Se você não conseguir ficar parado por dez minutos, não conseguirá fazer muita coisa na vida.

4. **CONSTÂNCIA COM OS MEDICAMENTOS.** No momento em que escrevo este artigo, estou fazendo uso de um inibidor de recaptação de serotonina e noradrenalina (IRSN). Falo abertamente sobre isso porque não quero que essas coisas sejam estigmatizadas no caminho. Rejeito o espectro que se ouve em alguns setores da cultura espiritual alternativa de que a psicofarmacologia é, de alguma forma, "não espiritual" ou trapaça. Eu uso óculos – isso não é espiritual? Somos seres físicos e extrafísicos, e a vida é devida a ambos os reinos. A decisão de tomar um medicamento, e em qual dosagem, deve ser sempre deliberada, mas é importante ser consistente. Se você faz uso de medicamentos, dedique esses dez dias a ingeri-los em um horário fixo todos os dias pela manhã (e novamente à tarde ou à noite, se a administração precisar ser feita duas vezes ao dia). Uma excelente conselheira de saúde mental chamada Emily Grossman me convenceu da importância da constância nesse aspecto e nos hábitos simultâneos de sono e nutrição.

5. **ALTA PROTEÍNA, BAIXO TEOR DE CARBOIDRATOS.** Ao lado do sedentarismo ou do vício, provavelmente nenhum fator do estilo de vida é mais prejudicial à saúde do que uma dieta repleta de carboidratos refinados e açúcares. Como está bem documentado, isso contribui para o ganho de peso, diabetes pré e tipo dois, hipertensão e outros males. Seja qual for a sua alimentação – eu prefiro uma dieta paleo –, a maior parte das calorias deve vir das proteínas, com uma fração menor de carboidratos complexos e não refinados. Os açúcares, inclusive os de ocorrência natural, devem ser mantidos em um nível mínimo. A maioria dos alimentos processados é carregada de carboidratos, açúcares e sódio.

Escolhi dez dias não apenas por ser tempo suficiente para ver os resultados, mas também porque é um período breve para não permitir desculpas razoáveis. Dez dias não é pedir demais; você detectará diferenças em si mesmo e notará evidências do que um estilo de vida diferente pode proporcionar ao seu corpo. Se já pratica hábitos saudáveis, as etapas deste capítulo podem aumentá-los; caso contrário, elas poderão ser revolucionárias.

Enquanto eu escrevia este capítulo, uma leitora me enviou um e-mail perguntando como eu mantenho meus níveis de energia. "Você parece estar em todos os lugares: *podcasts*, livros, prefácios, palestras em vários locais", escreveu ela. "Sua fonte transbordante de energia positiva é inspiradora. Além disso, ser pai ou mãe consome muito tempo. Então, com seu foco positivo em mente, como é o seu dia? Meditar logo cedo? Horas lendo e pesquisando? Horas escrevendo? Tempo de comunicação para e-mails e FaceTime?" Eu respondi:

> Olá, _______________, obrigado por sua observação atenciosa. Com toda a honestidade, eu diria que o maior fator em meu gerenciamento de tempo é a paixão. Não publiquei meu primeiro livro até passar dos quarenta anos (hoje tenho 55), portanto, nunca considero o sucesso, o número de leitores ou a reputação como algo garantido. Sinto que é um privilégio cada vez que estou diante de um microfone ou coloco minha assinatura em algo. Outra coisa que ajuda é evitar bebidas alcoólicas e intoxicantes, ou ingeri-las com moderação. Gosto de bebidas alcoólicas recreativas ou maconha, mas elas simplesmente prejudicam a energia, por isso tento evitá-las. Evito carboidratos refinados pelo mesmo motivo. Faço exercícios, ando de bicicleta em quase todos os lugares (consulte *The Miracle Month* [O mês dos milagres]) e pratico Meditação Transcendental duas vezes por dia. Ter um Objetivo Principal Definido – e trabalhar e orar nessa direção – faz uma grande diferença. De fato, essa é a diferença decisiva como expressão de paixão. Ser pai é um desafio, pois as necessidades das crianças são

dinâmicas e estão sempre mudando; portanto, elas é que terão de dar o veredicto se fiz um bom trabalho. Desejo a você tudo de bom,

-Mitch-

* * *

Revelação completa: vivo momentos de dificuldade contra o tabagismo, sobretudo durante períodos de estresse. Eu gosto imensamente. Os custos de saúde são assustadores. Percebo que, se tenho cigarros em casa ou comigo, a tentação de fumá-los é irresistível. É um vício.[9] Descobri que a única maneira de evitar um hábito negativo é substituí-lo por uma recompensa proporcional, ou a perspectiva de uma recompensa. Tudo o que descrevo neste capítulo e todos os benefícios que recebo seriam anulados pelo fumo. Sou auxiliado nessa percepção pela natureza de meu Objetivo Principal Definido. Se você achar que tem um hábito negativo para a saúde que não consegue abandonar, apoie-se em seu objetivo. Qualquer tipo de excesso nocivo à saúde o prejudica. Se a sua meta for de cunho emocional, se tocar seus desejos mais profundos, deve ajudá-lo a manter hábitos físicos saudáveis, pois, como vimos, tudo se baseia em algum grau de vitalidade. Seu Objetivo Principal Definido depende de sua saúde. Permita que sua paixão por seu propósito contribua para seu bem-estar.

---

9. Volto às questões de dependência no "Hábito 17. Escolha sua Força Maior".

HÁBITO 13

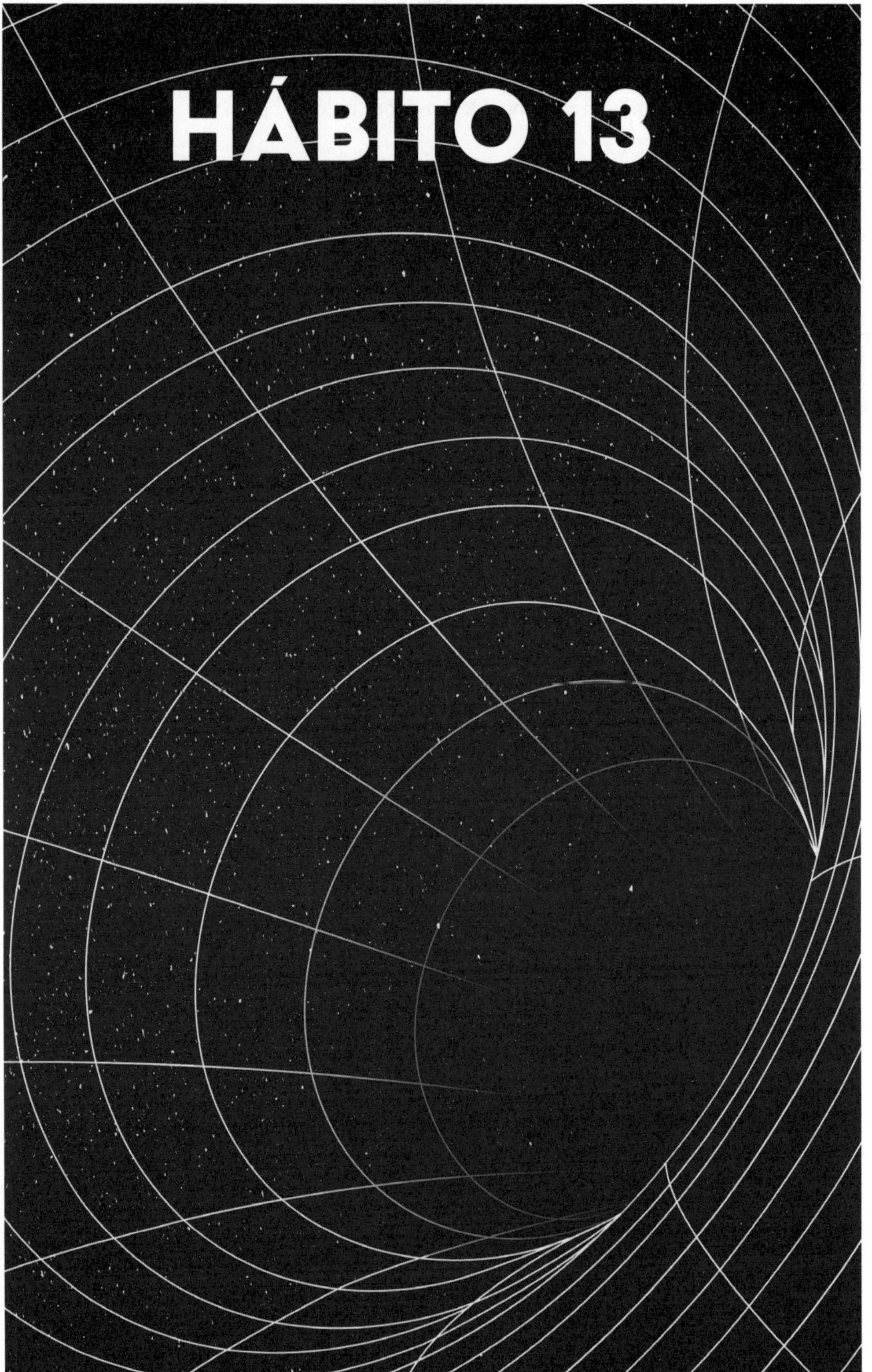

Leia para obter energia

Napoleon Hill incentivou "o uso da Força Cósmica do Hábito no desenvolvimento de um sistema de autoaperfeiçoamento geral por meio do estudo, da leitura e da associação com aqueles que podem beneficiá-lo por meio da emulação".

Como você está lendo este livro, é provável que já conheça bem pelo menos uma ou mais das obras de Hill. Além dele, peço que use esse período de exploração para se familiarizar com vários outros autores históricos que complementam e se relacionam com o trabalho de Hill. Cada um foi um mestre do que pode ser chamado de *religião de resultados*, e aprofundará sua busca e sua fonte de ideias. Alguns desempenharam esse papel para Hill.

As obras que recomendo refletem a principal contribuição dos Estados Unidos para a vida religiosa moderna: o princípio da praticidade espiritual. Desde o início da história americana, filósofos, reformadores e místicos têm pregado o evangelho do funcional usando o *insight* religioso como um meio de satisfazer as necessidades no presente. Eles não dispensavam necessariamente as qualidades salvíficas da religião, mas viam a praticidade como um complemento vital e sempre presente. Acredito na validade dessa inovação.

Como já escrevi em outro lugar, não vejo uma linha real de demarcação entre o que é comumente considerado o inefável e as necessidades cotidianas da vida. Onde começa um conjunto de preocupações e termina outro? As divisões são artificiais. Temos uma existência – uma parte visível e sensível; outra não local e invisível. Mas toda ela, inteira. Acho que essa é uma declaração justa da perspectiva dos religiosos práticos dos Estados Unidos, que fizeram mais do que qualquer outra voz moderna para unir as necessidades da materialidade e da numinosidade.

A materialidade não é necessariamente sinônimo de aquisitividade. Em *Walden*, Henry David Thoreau criou um manifesto de uma vida que gira em torno dos ciclos da natureza e da necessidade *versus* a ocupação e o comércio. O fato de Thoreau ter passado apenas dois anos em seu idílio à beira do lago antes de publicar suas memórias de 1854 o fez, nos últimos anos, ser alvo de críticas literárias por parte de alguns que o consideram mais hipócrita do que eremita. Mas a única medida real de um livro de memórias experimental é a natureza de sua percepção. *Walden* tem a intenção de se relacionar com sua vida, que é a sua forma de considerar seu valor. Acho que os artistas podem atingir picos de compreensão sem estarem vinculados a um programa ou calendário definido por outra pessoa. A verdade pode chegar em momentos, às vezes construída sobre trechos de experiências anteriores não anunciadas. Nesse sentido, uma noite de batalha pode trazer uma percepção maior para um indivíduo sensível do que um ano de guerra de trincheiras para outro.

Graças, em parte, a Thoreau, a ideia da busca espiritual individual agora parece ser um direito inato. Em pesquisas de opinião, a maioria dos americanos – o que também é verdade em outras nações – concorda que a verdade espiritual pode ser encontrada fora da fidelidade a qualquer fé ou tradição. "Não afiliado" é a categoria de identidade religiosa que mais cresce. Em grupos de recuperação, programas de doze passos e outras formas não tradicionais de busca espiritual (exploradas mais detalhadamente no Hábito 17), somos incentivados a buscar nossa concepção particular de um Poder Superior ou o que chamo de Força Maior. Até mesmo aqueles que se filiam às religiões tradicionais são com frequência ensinados a acreditar que os próprios caminhos para o alto são muitos – que os portões da oração e do perdão estão sempre abertos; que a sede do inefável existe ao nosso redor. Muitos creem que um elemento do Divino existe dentro de nós. Esses conceitos eram estranhos, senão heréticos, na religiosidade hierárquica do Velho Mundo.

Em termos de praticidade, esse princípio de Thoreau é muito citado, mas nem por isso é menos duradouro: "Se alguém avançar com confiança na direção de seus sonhos e se esforçar para viver a vida que imaginou, terá sucesso inesperado nas horas comuns". Expandimos as percepções de Thoreau no "Hábito 22 – Espere grandes coisas".

Os ensaios "Power" (Poder) e "Wealth" (Riqueza) de Ralph Waldo Emerson, publicados como capítulos separados em *A conduta para a vida*, de 1860, são algumas das declarações mais práticas do filósofo sobre dinheiro e empreendimentos. É fácil e tentador para os filósofos evitarem ser claros sobre esses tópicos. Mas eu adoro o fato de Emerson ter se sentido compelido – acho que por uma questão de dívida e respeito para com seus leitores – a fornecer não apenas percepções metafísicas, mas também uma filosofia de *"valor monetário"* na vida, como disse William James. Os ensaios de Emerson lhe trarão riqueza? Não faço ideia, mas tenho certeza de que seus princípios sólidos tornam impossível acusar o místico ianque de prevaricação ou de evitar o que ele considerava os princípios vivos do comércio e da existência.

Em "Power", Emerson cita quatro elementos essenciais para o exercício do poder pessoal. O primeiro deles – e o que sustenta todos os outros – é estar "em simpatia com o curso das coisas". Mostrando seu instinto inato para o taoismo e outras filosofias orientais, Emerson acreditava que um indivíduo poderia ler a *natureza das coisas* e procurar se fundir com ela, como um galho levado rio abaixo. "A mente que está em paralelo com as leis da natureza", escreve ele, "estará na corrente dos acontecimentos e será forte com sua força." Essa percepção forma o núcleo da Força Cósmica do Hábito.

O segundo elemento do poder é a *saúde*. Emerson se refere a isso em diferentes níveis. Ele está falando amplamente da vitalidade do corpo e do espírito; o estado de fisicalidade e moral pessoal que sustenta riscos, busca aventuras e conclui planos. Mas ele também aborda aspectos da saúde corporal rotineira, que, conforme explorado no capítulo anterior, é um requisito para a busca do poder.

O terceiro elemento é a *concentração*. Uma das leis da natureza é que a concentração de energias gera impacto. A concentração de um golpe de ataque proporciona a maior força. Lembre-se da declaração de Bruce Lee no Hábito 2: "Não temo o homem que praticou dez mil chutes uma vez, mas temo aquele que praticou um chute dez mil vezes". Com muita frequência, esgotamos nossas energias ao dispersar ou espalhar nossos objetivos e esforços. Em "Power", um oráculo imaginário diz: "Não amplie seu destino, não se esforce para fazer mais do que o que lhe foi confiado". Assim como a luz focada em um laser, a concentração em um único feixe traz o maior poder.

O quarto e último elemento do poder é o *treinamento*. Com isso, Emerson quer dizer repetir uma prática várias vezes até que se possa executá-la com virtuosismo. O bailarino, o ginasta e o artista marcial repetem seus exercícios e rotinas até o ponto em que os movimentos entram em sua memória física e estão disponíveis para eles em todas as condições. Da mesma forma, precisamos treinar – ou praticar ou ensaiar – até dominarmos a tarefa que escolhemos.

No ensaio "Wealth", Emerson declara, sem rodeios, que o indivíduo "nasceu para ser rico". Ao dizer riquezas, o filósofo não está empregando uma metáfora recatada. Ele está se referindo ao dinheiro propriamente dito. Mas também identifica o acúmulo de capital como sendo próprio apenas da pessoa que o utiliza para fins produtivos. Emerson escreve,

> Todo homem é um consumidor e deveria ser um produtor. Ele não consegue ocupar bem seu lugar no mundo, a menos que não apenas pague sua dívida, mas também acrescente algo à riqueza comum. Tampouco

> pode fazer justiça ao seu gênio, sem exigir do mundo algo mais do que a simples subsistência. Ele é caro por constituição e precisa ser rico.

Somente as compras que expandem seu poder e suas habilidades, escreve Emerson, o deixam mais rico. De fato, a riqueza que não acompanha a expansão é uma riqueza jogada fora. "Nem o homem se enriquece", escreve Emerson, "ao repetir os velhos experimentos da sensação animal". Em vez disso, você é enriquecido quando aumenta sua capacidade de ganhar, fazer e crescer. A riqueza, entendida de modo correto, é poder. É por isso que esses ensaios estão juntos.

Então, como você enriquece? Emerson descreve aproximadamente três etapas. Primeiro, satisfazer alguma necessidade inegociável, em nível de subsistência, na própria vida: foi isso que impulsionou os agricultores, caçadores-coletores e aldeões primitivos. Em seguida, aplicar seus talentos específicos à natureza e atender às necessidades dos outros de forma expansiva. Se você não conhece ou não compreende seus talentos, deve começar por aí antes que qualquer coisa seja possível. Seu talento particular é fonte potencial de excelência. E, por fim, usar sua riqueza para fins de produtividade: pagar dívidas, fazer investimentos compostos e adquirir as ferramentas e os talentos de sua profissão. A construção e a expansão são o único caminho sólido para a riqueza. Essas coisas também refletem seu código e sua fibra como um ser em progresso.

* * *

In Tune with the Infinite (Em sintonia com o infinito) é um livro que segue os instintos de Emerson. Seu escritor leva seu nome: Ralph Waldo Trine.

A obra, de 1897, é uma popularização ampliada da filosofia do transcendentalismo de Thoreau e Emerson – e também a introdução da espiritualidade do Novo Pensamento na vida do público de massa que o procurava. O trabalho de Trine consolidou o ponto de vista americano generalizado de que os pensamentos são causais, que a mente é um canal de leis superiores e influências cósmicas e que um fino véu, se houver, separa a experiência mental da espiritual.

O poder de *In Tune with the Infinite* se baseia em dois aspectos. O primeiro é que Trine criou talvez não a mais antiga, mas, como já mencionado, a mais eficaz e amplamente acessível iteração do evangelho do Novo Pensamento. A popularização de Trine permaneceu inigualável até que Norman Vincent Peale publicou *O poder do pensamento positivo* mais de cinquenta anos depois, em 1952. Mas o livro de Trine era algo que o de Peale não era – e isso forma a segunda base de sua conquista. Embora os pontos de referência de Trine sejam sobretudo cristãos, *In Tune With the Infinite* é uma das primeiras obras populares de *universalismo religioso*.

A obra de Peale era explicitamente cristã; o ministro holandês da Reforma reimaginou o Novo Pensamento em uma linguagem tranquilizadora e familiar para o público que frequentava a igreja. (Embora, mesmo nesse aspecto, Peale incluísse alguns conceitos e referências radicalmente místicos.) Trine, por outro lado, incorporou princípios, senão sempre a linguagem, de tradições religiosas abrangentes. Em alguns aspectos, *In Tune with the Infinite* é tanto uma popularização do Novo Pensamento quanto da filosofia hermética. O hermetismo é uma escola mística greco-egípcia do final da Antiguidade que ensinava que o indivíduo é uma extensão de uma mente superior, ou *Nous*, e possui os mesmos potenciais criativos. Você pode ver isso no capítulo três, "The Supreme Fact of Human Life" (O fato supremo da vida humana), em que Trine fala sobre a natureza do "Deus-homem". No capítulo quatro, "Fullness of Life-Bodily Health and Vigor" (Plenitude da vida-saúde e vigor do corpo), Trine refaz o ditado hermético central "As above, so below" (Como acima, assim abaixo) para "As within, so without; cause, effect" (Como dentro, assim fora; causa, efeito). A perspectiva hermética também está presente quando Trine fala sobre um "influxo divino" no indivíduo. Isso ecoa o conceito do místico do século 18, Emanuel Swedenborg, de um "influxo divino".

Apesar de toda a sua linguagem popular, Trine era um pensador radical. E *In Tune with the Infinite*, um livro que acabou vendendo mais de dois milhões de exemplares quando a nação era muito menos populosa do que hoje, trouxe aos americanos comuns ideias chocantes, novas, antipopulares e transcendentes. O fato de esses temas de possibilidade espiritual soarem tão familiares para nós hoje é uma prova do legado do autor.

Por fim, recomendo uma obra bastante influente que não foi escrita por um americano, mas por um buscador britânico: *O homem é aquilo que ele pensa*, de James Allen. Em termos de influência, é provável que Allen tenha superado até mesmo Trine, pois sua meditação de 1903 continua sendo amplamente lida hoje, enquanto a de seu colega americano não. Allen escreveu de forma convincente que a experiência externa reflete a vida interna e que o refinamento interno retrata legalmente o externo.

O livro de Allen é marcado por lições memoráveis e aforísticas, que resistiram à passagem do tempo. *O homem é aquilo que ele pensa* define a realização em termos pessoais: "Você se tornará tão pequeno quanto o seu desejo controlador; tão grande quanto a sua aspiração dominante".

Perto do final de *O homem é aquilo que ele pensa*, Allen, um homem proveniente da classe trabalhadora, escreve como numa autobiografia:

> Aqui está um jovem duramente pressionado pela pobreza e pelo trabalho; confinado por longas horas em uma oficina insalubre; sem instrução e sem todas as artes do refinamento. Mas ele sonha com coisas

> melhores: ele pensa em inteligência, refinamento, graça e beleza. Ele concebe, constrói mentalmente uma condição ideal de vida; a visão de uma liberdade mais ampla e de um escopo maior toma conta dele; a inquietação o impele à ação, e ele utiliza todo o seu tempo livre e seus meios, por menores que sejam, para o desenvolvimento de seus poderes e recursos latentes. Em pouco tempo, sua mente se torna tão alterada que a oficina não consegue mais prendê-lo.

Como regra pessoal, Allen sempre baseou seus ensinamentos em suas experiências de vida. "Ele nunca escreveu *teorias*", observou sua esposa Lily em 1913, "ou pelo simples fato de escrever; mas escrevia quando tinha uma mensagem, e ela *só se tornava* uma mensagem *quando ele a experimentava na própria vida* e sabia que era boa."

Nenhuma dessas obras, por mais poderosas que sejam, é completa em si mesma. Esse fato deve instigá-lo a fazer mais perguntas. Acredito que o Novo Pensamento, uma filosofia que adoro, nunca desenvolveu uma teologia do sofrimento ou capturou adequadamente a complexidade da doença e da enfermidade como algo mais do que formas de pensamento. Em uma observação relacionada, acredito nas ideias estabelecidas por Emerson, as quais sigo; no entanto, também estou ciente de que ele veio de uma família rica da Nova Inglaterra e suas observações sobre autossuficiência, vida independente e individualismo radical teriam sido diferentes se tivessem sido escritas por um trabalhador. (Ele discordava desse ponto, mas eu não tenho tanta certeza.) Thoreau, por fim, é um herói para mim, mas meu território para testar suas verdades foi urbano, e não rural, uma diferença à qual ele talvez não tenha se oposto.

O que quero dizer aqui é que desejo que você experimente essas obras nos seus próprios termos, teste a utilidade delas por meio da aplicação e faça as próprias perguntas a partir delas. A "espiritualidade" não é um circuito fechado, mas um campo de descobertas em que desejamos entender nossas conexões com leis e forças maiores. Que esta pequena lista de leitura sirva como um degrau para a própria descoberta. E que você possa ultrapassar esse degrau.

HÁBITO 14

Atitude de ganho

No final de 2020, fui tocado pela franqueza de um terapeuta no Twitter: "Como terapeuta, posso dizer com confiança que, embora a terapia seja útil, o que a maioria das pessoas precisa é de dinheiro". Considerando que o número de retweets na época ultrapassou cem mil, sua honestidade repercutiu. Também houve críticas contundentes. Considerei sua declaração um reconhecimento importante.

Napoleon Hill teria concordado que às vezes – e é provável que com frequência – as pessoas precisam de mais dinheiro. Escrevendo com probidade, o místico do poder da mente Joseph Murphy observou em *O poder do subconsciente,* em 1963: "Acredito que a maioria das pessoas é compensada de modo inadequado". Quero lhe oferecer quatro etapas sobre como ganhar mais, as quais usei em minha vida. Elas são simples. Mas dê uma olhada nelas. É apenas quando você aplica ou vive com uma ideia aparentemente simples que suas dimensões maiores aparecem. É por isso que os cínicos quase nunca chegam à verdade das coisas; veem a simplicidade como ingenuidade. A simplicidade é a linguagem da verdade.

1. **VOCÊ DEVE DESEJAR SINCERA E PODEROSAMENTE GANHAR MAIS.** Não é o que todo mundo faz? Bem, não exatamente. Isso não quer dizer um desejo não especificado de "ficar rico". Ou uma atitude do tipo "claro, por que não?". Significa um desejo ardente e específico de aumentar sua capacidade de ganho. E seja específico: quanto você quer ganhar e como? Não vacile. Defina um valor razoável. Se ainda

não o fez, precisa ler *Quem pensa enriquece* de Napoleon Hill. Se já o fez, releia-o. É o que eu faço uma vez por ano. Costumo aconselhar os leitores a realizar seus exercícios *como se a vida deles dependesse disso*. Se você fizer isso, as coisas mudarão para melhor.

2. **UMA VITÓRIA LEVA NATURALMENTE A OUTRA.** O que você faz em uma escala micro pode ser repetido em uma escala macro. Mais uma vez, o ditado hermético: "como em cima, assim embaixo". Um ato de ganhar dinheiro extra lhe ensina sua capacidade e proporciona aumento adicional. Não exagere e não se decepcione. Mantenha-se concentrado, claro e ativo. Quando tiver sucesso, você terá descoberto um degrau.

3. **CULTIVE A HABILIDADE E A EXCELÊNCIA.** Esse princípio engloba muitas coisas. Você não deve apenas fazer um trabalho bem-feito e com rapidez, mas também deve acompanhar a tecnologia de sua área. Isso nem sempre é fácil para mim. Sou tímido com relação à tecnologia, mas me esforço para me manter atualizado. Quando fico para trás, me esforço para compensar isso. Outra coisa que cultiva a excelência é a sobriedade, conforme mencionado no Hábito 12. Como muitas pessoas, gosto de bebidas alcoólicas e outras substâncias tóxicas – o que, no entanto, pode perturbar os padrões de sono, promover a letargia e contribuir para pensamentos negativos ou obsessivos. Mesmo que temporariamente, pare de beber ou de usar drogas recreativas quando quiser ganhar mais. Aqui está um ingrediente diferente para a excelência, bem como para a reputação: pague logo suas dívidas, sobretudo com prestadores de serviços e freelancers. Esse ato promove a cortesia e a lealdade. Essas pessoas dependem de seu pagamento pontual, assim como as outras dependem do salário delas. Pague-os rapidamente e eles se tornarão aliados dedicados.

4. **RAPIDEZ.** Quando lhe forem oferecidas oportunidades de ganhar, *aja com determinação*. Nunca hesite. Certa vez, ofereceram-me um grande contrato para um livro para o qual não me sentia preparado. Eu me controlei com rapidez e aceitei. Foi uma das melhores decisões de minha vida. Enquanto crescia, minha mãe me dizia para nunca recusar negócios. Esse foi um bom conselho. Fico chocado quando vejo donos de lojas, gerentes ou empreiteiros recusarem negócios. Na verdade, recusam pessoas que querem pagar por um serviço e que precisam do serviço deles. Vi isso ocorrer durante a recessão da covid. No Brooklyn, em Nova York, onde moro, lojas de computadores e bicicletas recusaram clientes – ou os evitaram, exigindo esperas de semanas –, em vez de expandir, contratar novas pessoas (algo muito produtivo para sua comunidade, em especial durante uma recessão) e aceitar novos negócios. Para mim, a recusa de trabalho é uma das práticas mais prejudiciais. Sempre há desculpa para dizer não. Raramente uma boa desculpa. Não seja essa pessoa.

Em um sentido diferente, alguns acham difícil reivindicar e aceitar recompensas conquistadas com legitimidade. Podemos achar que determinada honra, prêmio, promoção ou outra forma de crédito ou reconhecimento não nos pertence totalmente. Uma pessoa pode se sentir impedida pela percepção de que um projeto bem-sucedido resultou de um esforço de grupo – o que é uma percepção legítima, pois tudo depende de vários esforços – ou que reivindicar uma conquista parece presunção ou exagero. Mas a capacidade de atingir suas metas depende, em parte, de sua disposição de reconhecer e reivindicar a vitória justa.

Algumas pessoas têm o problema oposto: apressam-se em reivindicar a propriedade de algo a que estavam ligadas apenas tangencialmente, ou exageram seu papel ou título. Isso é um lapso ético; significa ofuscar realizações que pertencem a outros. Mas o hábito de *aceitar crédito legítimo* é uma prática digna de pessoas produtivas e com princípios; indivíduos que contribuem para o ambiente em que vivem e agem de acordo com os tipos de ideias encontradas neste livro – mas que também têm dificuldade em reconhecer e anunciar suas realizações. Esse é um problema mais geral do que pode parecer à primeira vista.

O cultivo do propósito e da excelência é tão importante que quero revisitar a questão de um ângulo diferente. Em 1854, o cientista pioneiro e teórico dos germes Louis Pasteur disse em uma palestra: "Nos campos de observação, o acaso favorece apenas a mente preparada". Essa declaração foi abreviada – e, na minha opinião, com precisão – para: "O acaso favorece a mente preparada". Se quiser promover mais oportunidades de ganhos em sua vida, faça disso o seu lema.

As oportunidades do acaso são úteis apenas para aqueles que estão prontos para elas – quanto maior for a sua preparação, mais plenamente você poderá aproveitá-las quando elas chegarem. A preparação requer treinamento, estudo, confiabilidade, cumprimento de sua palavra e estar pronto para realizar qualquer tarefa que tenha pela frente. Ela intensifica todos os outros fatores aleatórios ao seu redor; garante que você esteja no estado mental correto para perceber, receber e aproveitar as oportunidades. É por isso que não acredito em oportunidades que surgem "do nada". Elas ocorrem em um contexto.

O pioneiro motivacional Dale Carnegie (1888-1955) começou sua carreira no início do século 20 como professor de oratória. Ex-ator, Carnegie percebeu, já em 1912, quando começou a dar suas primeiras aulas, que falar em público estava se tornando uma parte vital dos negócios. Ao preparar uma palestra ou apresentação, Carnegie aconselhava que acumulássemos tanto material que acabaríamos descartando 90% dele ao falar. O próprio fato de nos preparar nos dá a confiança e o poder de nos apresentar sem anotações e de fazer uma apresentação mais relaxada, entusiasmada e livre.

A fórmula de Carnegie é uma receita para bons resultados e ganhos em todas as áreas da vida. Uma vez que você tenha confiança justificada e seja especialista em uma tarefa ou projeto, poderá observar, ouvir, intuir e tomar consciência de sinais importantes. A preparação ardente o faz alguém persuasivo. Suas ações se tornam naturais e sem esforço. Você é capaz de mudar de direção e transmite confiança. Você pode até adquirir uma exuberância infantil. Quando surgem oportunidades – como uma vaga de emprego, uma audição, um convite para uma apresentação rápida em uma conferência, ou até mesmo sentar-se ao lado do seu chefe ou de um gerente sênior em um voo –, a pessoa preparada será capaz de aproveitar o momento.

A sorte não favorece apenas a mente preparada, mas também os ganhos.

HÁBITO 15

Cultive o poder interior

Napoleon Hill escreveu muitas vezes sobre a natureza da Inteligência Infinita que flui por cada indivíduo. Sua definição de Inteligência Infinita concordava com o que Ralph Waldo Emerson escreveu em seu ensaio "History" [História] em 1841: "Há uma mente comum a todos os homens. Todo homem é uma entrada para a mesma e para todas as mesmas".

Para Hill, uma aliança MasterMind, na qual dois ou mais participantes se reúnem com regularidade para incentivar os objetivos uns dos outros, aproveita o poder da Inteligência Infinita. O MasterMind é a Inteligência Infinita localizada em um grupo pequeno e harmonioso de pessoas.[10] Mais tarde, fiquei interessado em descobrir por que Hill se referiu à Força Cósmica do Hábito em outra palestra não publicada como "Inteligência Infinita em operação". Ele acreditava em uma espécie de supermente – um intelecto não localizado ao qual todos nós estamos ligados, como o oceano, que alimenta os canais. Hill também incentivava o uso de visualizações, orações e afirmações como formas de aproveitar as percepções e os poderes causais da Inteligência Infinita por meio de seu subconsciente. O subconsciente, ele ensinou, traduz pensamentos, planos e ideias para a Inteligência Infinita para que sejam atualizados, cujo poder retorna a você na forma de lampejos de percepção, pistas e intuições. A Inteligência Infinita, na visão de Hill, usa o indivíduo como seu meio de criação. Em uma palestra para sua classe Success Unlimited, Hill disse:

---

10. Para aprofundar o assunto, consulte meu livro *O poder do MasterMind*.

> Se você conceber uma coisa, acreditar nela e criar uma imagem definida em sua mente, a lei da Força Cósmica do Hábito assume essa imagem e o guia para o equivalente físico dessa coisa, seja ela qual for. E você ficará surpreso com tudo que virá para você e que você queria antes, pelo que trabalhou duro e não conseguiu, quando aprender a fixar na mente um esboço definido do que representa sucesso para você.

O ponto de vista de Hill estava mais ou menos alinhado com o da pioneira do Novo Pensamento, Geneviève Behrend (1881-1960). A autora e buscadora – ela mesma uma aluna próxima do teórico da mente Thomas Troward (1847-1916) – forneceu um retrato de seus princípios metafísicos em seu volume *Your Invisible Power* (Seu poder invisível), de 1921. Eles se parecem muito com os de Hill e merecem ser explorados em paralelo:

> Agora voamos pelo ar, não porque alguém tenha sido capaz de mudar as leis da natureza, mas porque o inventor da máquina voadora aprendeu a aplicar as leis da natureza e, ao fazer uso ordenado delas, produziu o resultado desejado. No que diz respeito às forças naturais, nada mudou desde o início. Não havia aviões no "Ano Um", porque as pessoas daquela geração não conseguiam conceber a ideia como uma possibilidade prática e funcional. "Isso ainda não foi feito", era o argumento, "e não pode ser feito." No entanto, as leis e os materiais para máquinas voadoras práticas existiam tanto naquela época quanto agora.
>
> Troward nos diz que a grande lição que aprendeu com o avião e a telegrafia sem fio é o triunfo do princípio sobre o precedente, o desenvolvimento de uma ideia até sua conclusão lógica, apesar do testemunho contrário acumulado de toda a experiência passada.

A perspectiva de Behrend, assim como a de Hill, não endossa a ideia de que seus poderes de visualização manifestarão propriedades do éter. (Prefiro o termo *selecionar* a manifestar, uma escolha que expando no *The Miracle Club* [O clube dos milagres].) Em vez disso, os poderes do pensamento causal podem gerar o extraordinário trabalhando por meio de *canais estabelecidos* de criação. Na visão de Hill, não dobramos as leis naturais – nós descobrimos inúmeras possibilidades dentro delas. Da mesma forma, Behrend coloca a questão da seguinte maneira, com sua ênfase no original: "Ao visualizar ou fazer uma imagem mental, você não está se esforçando para mudar as leis da natureza. Você está cumprindo-as".

Compare isso com a perspectiva de Hill em uma apresentação de áudio sem data sobre a Força Cósmica do Hábito:

> A mesma força que mantém o equilíbrio preciso entre todas as ações e reações da matéria e as relações de tempo e espaço dos elementos da Criação também constrói os hábitos de pensamento do homem com graus variados de permanência. Os hábitos de pensamento negativos de qualquer tipo atraem para seu Criador manifestações físicas correspondentes à sua natureza, de forma tão perfeita e inevitável quanto a natureza germina a bolota e a transforma em um carvalho. Por meio da operação da mesma lei, os pensamentos positivos alcançam o vasto oceano de poder potencial que nos cerca e atraem as contrapartes físicas de sua natureza.
>
> Você cria padrões de pensamento ao repetir certas ideias ou comportamentos, e a lei da Força Cósmica do Hábito assume esses padrões e os torna mais ou menos permanentes, a menos ou até que você os reorganize conscientemente. O método empregado pela Força Cósmica do Hábito para converter uma emoção ou desejo positivo criado na mente do homem em seu equivalente físico é o seguinte: ela intensifica essa emoção ou desejo até induzir o estado mental conhecido como fé, no qual é receptiva ao influxo da Inteligência Infinita, da qual derivam os planos perfeitos a

serem seguidos pelo indivíduo para alcançar o objetivo desejado. Os meios naturais são usados para executar esses planos. Muitas vezes, uma pessoa fica impressionada com o que parecem ser combinações coincidentes de circunstâncias favoráveis ao executar seus planos, mas essas coisas estranhas e inexplicáveis acontecem de forma perfeitamente natural. A Força Cósmica do Hábito tem a capacidade de conferir uma qualidade peculiar aos hábitos de pensamento de uma pessoa, o que lhe dá o poder de superar todas as dificuldades, remover todos os obstáculos e vencer todas as resistências. O que é esse poder é um segredo tão profundo quanto o que faz uma semente de trigo germinar, crescer e se reproduzir.

Portanto, ambos os sistemas concordam que, embora o indivíduo deva funcionar dentro da esfera física em que se encontra – sujeito a seus limites e leis naturais –, ele também é uma extensão da Inteligência Infinita e funciona como um canal de capacidade criativa cujo método é o pensamento.

Se você está iniciando nessas ideias ou se é um leitor veterano que, como eu, precisa de uma atualização sobre o poder da mente, vou propor um exercício: releia as declarações anteriores de Behrend e Hill. Quando terminar, selecione e dedique uma hora – apenas uma hora – durante a qual você assumirá que *todas as premissas* dos escritores *sobre pensamento e criação estão corretas*. Aja como se você tivesse a responsabilidade criativa final por sua vida. Não tenha dúvidas. Esse é seu experimento particular. Não conte a ninguém o que está fazendo. Behrend dá conselhos sábios sobre como a fala dissipa o impacto do pensamento: "A pessoa conta seus problemas para enfraquecê-los, para tirá-los da mente, e quando um pensamento é transmitido, seu poder é dissipado".

Se *uma hora* o deixar satisfeito, selecione outro período para expandir seu experimento para duas horas. Em seguida, aumente de duas para quatro, de quatro para oito e, por fim, de oito para dezesseis, que é, aproximadamente, a duração de um dia de vigília. Quando chegar ao estágio de dia de vigília de seu experimento, vá dormir visualizando o resultado desejado. Essa etapa final equivale a um compromisso de 24 horas. Veja o que acontece. Você vai tentar? É necessário apenas uma hora para começar.

Se tiver dúvidas ou contratempos, não se preocupe. Não há necessidade de recomeçar. A vida é cheia de reviravoltas. É irrealista e desnecessário tentar evitá-las. Você não está buscando um padrão impossivelmente alto de desempenho interno, mas explorando suas dimensões como um ser ético e criativo – e sondando "seu poder invisível" como um ser autodesenvolvido ou, pelo menos, cocriado.

Agora, quero dar um passo adiante e oferecer a você um exercício de visualização criativa. O tipo de visualização que uso com frequência é prescrito pelo místico do século 20 Neville Goddard (1905-1972): reproduza em sua mente uma pequena cena ou sensação que implique a realização de seu objetivo. Pode ser qualquer coisa, desde que seja vívida, tátil e emotiva. *Sinta-se* em qualquer pequeno drama ou papel, por mais breve que seja, que naturalmente acompanharia a realização de seu desejo, como alguém apertando sua mão e dando-lhe os parabéns. Você não está observando a imagem como se ela estivesse em uma tela – em vez disso, está se sentindo e se imaginando *dentro do* cenário.

Descobri que a melhor ocasião para entrar nesse estado é ao adormecer, à noite – um período de relaxamento natural chamado hipnagogia – ou quando sentir relaxamento corporal, como após a meditação. *Mas não se deixe controlar pela forma.* Quando chegar a um momento em que uma cena interna ou uma sensação de quietude, ou ambas, o atingirem, aja de acordo com ela.

Recentemente, estava na minha cozinha no Brooklyn, em Nova York, e senti o tipo de cena que implicava a realização do que eu desejava. Somente eu estava acordado em casa, então entrei em um estado meditativo e representei a cena *internamente*. Se fosse em qualquer outra hora, eu teria feito o mesmo, se fosse possível. Você deve agir quando tiver vontade. Não importa se tem privacidade. Essas ocasiões são preciosas. Use-as.

Prosseguindo com o método de visualização, gostaria de compartilhar um exercício que chegou até mim na forma de um e-mail de um leitor. Ele foi acompanhado de uma história poderosa e pessoal que omito por motivos de privacidade, mantendo apenas a técnica que foi oferecida:

> Se você pudesse fazer qualquer coisa em sua vida a partir de onde está, se dinheiro não fosse problema, o que gostaria de fazer? Sua grande meta, aquilo que o preencheria. Que trabalho adoraria fazer se não houvesse família, educação e dinheiro? Escreva suas metas para este ano com o máximo de detalhes que puder. Fique em silêncio e visualize-as como se já fossem reais. Sinta como se elas já tivessem acontecido. Veja-se fazendo essas coisas, sendo feliz e vivendo isso. Seus amigos o parabenizando e se surpreendendo com o que você conseguiu. O que eles estão lhe dizendo? Eles estão chocados e lhe dando tapinhas nas costas!
>
> Visualize isso todas as noites, por cerca de quinze dias, antes de dormir, e coloque sentimentos e emoções nas visões. Sinta o entusiasmo. Isso funciona mesmo, colocará as coisas em movimento, mas você precisa acreditar. Confie e experimente.

Sugiro que você escreva essa passagem citada à mão, acrescente "Eu confio" na parte inferior, date e assine. Eu fiz isso. Porque nunca sugiro nada que eu mesmo não faça.

Uma observação final: para atingir sua meta de se tornar uma aluna do juiz aposentado e teórico da mente Thomas Troward, Geneviève Behrend não apenas pensou, sentiu e visualizou – ela agiu: com persistência, certo grau de audácia e desenvoltura. Ela ficou atrás de Troward – de forma obstinada, mas inteligente – mesmo depois de o escritor metafísico ter ignorado e depois recusado suas súplicas. Ela impressionou seu esperado professor não apenas por sua resiliência, mas também pelo *rigor de sua preparação*. Nunca negligencie isso.

Isso demonstra como passei a trabalhar com Josh T. Romero, um talentoso artista gráfico, músico e designer de sites. Na primavera de 2020, Josh procurou trabalhar comigo. Ele fez um vídeo se apresentando – um passo que eu realmente apreciei. Em seguida, criou várias peças de arte promocional para eventos que eu estava realizando. Elas eram brilhantes – relevantes, ousadas e inovadoras. Em cerca de cinco meses, optei por formalizar nosso relacionamento e hoje trabalhamos juntos em uma ampla gama de projetos. Josh começou tudo, ele me disse, mantendo um ideal em sua mente – e também agiu.

"Uma grande ideia não tem valor", escreveu Behrend, "a menos que seja acompanhada de ação física".

HÁBITO 16

Gênio e transmutação do sexo

Perto do fim de sua vida, o pesquisador psíquico pioneiro Frederic Myers (1843-1901) refletiu sobre a natureza e as origens do gênio. O cientista britânico passou a acreditar que a genialidade, ou a notável inspiração e aplicação de ideias, possuía uma origem ou, pelo menos, um elemento fora da mente cotidiana. Myers a chamou de *mente supraliminar*.

Em seu tratado publicado postumamente em 1903, *Human Personality and its Survival of Bodily Death* (A personalidade humana e sua sobrevivência à morte corporal), ele escreveu:

> O gênio – se é que essa palavra vagamente usada deve receber algo parecido com uma definição psicológica – deve ser considerado capaz de utilizar uma gama mais ampla do que outros homens podem utilizar de faculdades em algum grau inatas em todos; um poder de se apropriar dos resultados da mentalização subliminar para servir à corrente supraliminar de pensamento; de modo que uma "inspiração genial" será, na verdade, um *impulso subliminar*, um surgimento na corrente de ideias que o homem está conscientemente manipulando de outras ideias que ele não originou de modo consciente, mas que se formaram além de sua vontade, em regiões mais profundas de seu ser. Insistirei que não há aqui nenhum desvio real da normalidade; nenhuma anormalidade, pelo menos no sentido de degeneração; mas, sim, um cumprimento da verdadeira

> norma do homem, com sugestões, talvez, de algo *supranormal*; de algo que transcende a normalidade existente como um estágio avançado do progresso evolucionário transcende um estágio anterior.

Em resumo, Myers via a genialidade como uma interação entre a mente subliminar ou subconsciente – um conceito que seu trabalho também ajudou a definir e estabelecer – e uma mente supraliminar, ou o que Napoleon Hill chamou de Inteligência Infinita. Na visão de Myers, essa interação resultou em genialidade, uma perspectiva que está em harmonia com a de Hill. Este acrescentou um poderoso complemento a esse esquema: a genialidade ou pensamento inspirado, pode ser acessado por meio do método de *transmutação do sexo.*

Hill via a transmutação do sexo – o processo de canalizar o desejo sexual em inspiração – como uma faceta essencial da Força Cósmica do Hábito. Ele falou sobre o uso da "aplicação da lei da Força Cósmica do Hábito no desenvolvimento de um sistema para transmutar a emoção do sexo, direcionando-a por meio de hábitos criativos ligados ao seu maior objetivo na vida". E continuou em 1952,

> Lembro-me da época em que nem mesmo a palavra "sexo" podia ser mencionada em uma companhia mista. De fato, essa grande emoção é o dispositivo criativo da natureza, por meio do qual ela perpetua todas as espécies vivas. E nunca encontrei uma pessoa de destaque, no púlpito, na advocacia, na medicina, na autoria, na oratória, na arte ou em qualquer outra vocação que não fosse alguém altamente sexuado que tivesse aprendido a transmutar essa grande emoção nas coisas construtivas representadas pelo objetivo principal de sua vida. Devido à própria natureza do assunto, não posso entrar em detalhes mais minuciosos em uma plateia como esta, mas certamente cabe a você aprender as possibilidades de

> fazer uso da lei da Força Cósmica do Hábito para transmutar essa grande emoção criativa da natureza nas coisas que deseja realizar.

Como Hill aludiu, o tópico da transmutação do sexo é um de seus ensinamentos mais sutis e poderosos. Ele continua sendo controverso. Até mesmo alguns intérpretes contemporâneos evitam o assunto, chamando-o de "entusiasmo" quando analisam seus métodos. Mas Hill foi claro sobre o assunto, escrevendo sobre ele primeiro em *Quem pensa enriquece*, em 1937, e depois em *Think Your Way to Wealth*, em 1948:

> A emoção do sexo é a própria fonte de inspiração da natureza, por meio da qual ela dá a homens e mulheres o desejo de criar, construir, liderar e dirigir. Todo grande artista, todo grande músico e todo grande dramaturgo expressam a emoção do sexo transmutada em esforço humano.

Na visão de Hill, o impulso para a sexualidade é o impulso criativo da vida que se expressa por meio do indivíduo, assim como a Inteligência Infinita se expressa pela atmosfera do grupo MasterMind. Mas Hill também ensinou – e essa é a chave interna da transmutação do sexo e de outras tradições antigas e modernas que empregam o impulso sexual – que a sexualidade vai muito além das questões de intimidade e reprodução; ela se expressa em todas as facetas da criatividade humana. Por meio desse impulso criativo, somos levados a funcionar como seres generativos de todas as formas – comercial e artisticamente, e em âmbitos de saúde, comércio, comunicação, viagens, cultura e finanças. Sempre que você se esforça para concretizar suas visões no mundo, está, segundo ele, operando a partir do impulso vital e construtor de vida que chamamos de sexualidade.

Depois de cultivar essa conscientização, você pode *transmutar* o desejo sexual em melhor desempenho, foco e percepção em questões de riqueza, arte ou qualquer outra coisa em que decida se concentrar. O método é simples por si só: *ao sentir o impulso sexual, você redireciona seus pensamentos e energias para um projeto ou trabalho desejado. Por meio do ato mental de redirecionar-se da expressão física para a expressão criativa, você aproveita e coloca o impulso sexual no centro de seus esforços.* Ao fazer isso, ensinou Hill, você acrescenta vigor, criatividade e capacidade intelectual ao seu trabalho.

É importante observar que Hill não exigiu o celibato ou a sublimação geral da sexualidade em sua forma física. Na verdade, ele ressaltou a importância do sexo não apenas como liberação física, mas também para fins terapêuticos e de redução do estresse, além de ser uma parte essencial da intimidade. Em vez disso, o que ele quer dizer é que você é capaz, em momentos de sua escolha, de aproveitar essa força vital inata para elevar suas energias e habilidades de uma maneira muito além do que pode considerar possível. Mais uma vez, esse é um ato mental realizado de forma privada e em momentos de sua escolha: quando sente o desejo sexual, em vez de satisfazê-lo fisicamente de imediato, você redireciona seus pensamentos para uma meta ou tarefa específica. Isso aumenta a percepção, a perspicácia, o entusiasmo e o vigor de seus esforços.

Entender o sexo como força supraliminar está de acordo com a perspectiva de Frederic Myers sobre a natureza do gênio. De fato, Hill argumentou que os indivíduos comumente considerados gênios, ícones ou empreendedores podem atingir esse nível de excelência *porque a energia sexual está por trás de seus esforços*. Essa energia é a força da criação que busca expressão por meio de nós de inúmeras maneiras.

Agora, para o termo plural gênios, Hill usou o plural arcano *genii*. Isso é significativo. *Genii* remonta ao uso romano-latino. Ele significa não apenas proeza intelectual, mas também sugere o significado romano antigo – atualizado por Myers – de que a genialidade em si é um dom concedido por espíritos superiores ou *daemons*. O mesmo termo aparece como *jinn* ou gênio no folclore e na cultura árabe, mais uma vez fazendo referência a um espírito capaz de possuir o indivíduo ou conceder-lhe poder sobrenatural. Isso sugere ainda mais a conexão que Hill viu entre as forças numinosas da vida e a capacidade de realização do indivíduo.

Permita-me apresentar um encontro um tanto idiossincrático, mas real, com a transmutação do sexo, que é recente para este texto e, por sua natureza cotidiana, pode ser amplamente relevante.

Mantenho um pequeno estúdio de áudio e vídeo em meu apartamento, que uso para palestras e eventos digitais. O estúdio é equipado com um grande conjunto de cortinas *blackout* para que eu possa controlar a iluminação. Certa noite, um dos meus filhos acidentalmente puxou as hastes das cortinas da parede. Eu as fixei mais uma vez – com resultados variados. Moro em uma casa da era vitoriana no Brooklyn e fazemos o possível para cuidar das paredes, molduras, arandelas e outros detalhes da época. Mas, ao remontar as cortinas, fiz um certo estrago. O gesso é escamoso e precisei de várias tentativas para acertar. Meu esforço não foi o suficiente. Uma noite – não me pergunte como –, uma das crianças puxou as cortinas para baixo mais uma vez. Já era tarde demais para fazer o trabalho, então o adiei para a manhã seguinte. Mas – e esse é apenas um daqueles estranhos pecados pessoais que tenho certeza de que você já cometeu em certas áreas de sua vida – eu estava ansioso e obcecado com o assunto. Por vários motivos, muitas emoções se misturaram a isso: será que eu estava cuidando adequadamente da minha casa? Estava supervisionando meus filhos? Eu sabia como consertar as coisas? Causaria danos às características da casa histórica? Cada uma dessas questões tinha uma resposta racional, mas eu estava agindo com base em minhas emoções; a racionalidade parecia distante.

Ao ficar acordado naquela noite, quis fazer um experimento. Embora eu não seja nenhum gênio em reparos domésticos, prometi usar a transmutação do sexo para fazer um ótimo trabalho na reinstalação daquelas cortinas. Eu não apenas as consertaria, mas também repararia os danos anteriores e as prenderia de uma forma que honrasse a delicadeza das paredes e criasse uma fixação que nem mesmo o King Kong conseguiria desalojar. Em uma manhã chuvosa, entrei novamente no estúdio, avaliei a situação e saí para comprar massa, buchas e outros materiais de reparo. E arrasei. Em todos os aspectos. Preservei os detalhes históricos, consertei os danos antigos e fixei os suportes com segurança. Aqui estão as fotos.

Talvez Michelangelo não tenha nada com que se preocupar, mas como morador urbano que está cuidando de uma casa particular pela primeira vez, eu me esforcei. Experimentei o poder e a energia da transmutação do sexo no fundo de meus esforços. Selecionei propositadamente um exemplo simples – até mesmo fácil de ser zombado – para fazer uma observação sobre a aplicabilidade. Que ele sirva de incentivo para os próprios experimentos de qualquer natureza.

A transmutação do sexo é um método maravilhoso do ponto de vista artístico, profissional, doméstico e financeiro. Mas há, é claro, períodos em que o cultivo do poder interior, a persistência e métodos como a transmutação do sexo são insuficientes. Durante períodos de luto, ansiedade, desespero ou quando somos atingidos pelas ondas do vício, podemos descobrir que precisamos de uma *Força Maior* na qual confiar. Eu recomendo de coração a busca e o trabalho com essa força, que informa nosso próximo hábito cósmico.

HÁBITO 17

Escolha sua Força Maior

Napoleon Hill escreveu com frequência sobre a existência da Inteligência Infinita, conforme explorado no "Hábito 15 – Cultive o poder interior". A Inteligência Infinita era a concepção pessoal de Hill e o termo para um Poder Superior. O conceito de um Poder Superior – uma força extrafísica ou fonte de criação selecionada por meio do entendimento particular do indivíduo, que não exige vínculo sectário nem aprovação – foi popularizado por um grupo determinado e engenhoso de buscadores contemporâneos de Hill. Seu texto seminal foi publicado dois anos depois que Hill publicou *Quem pensa enriquece,* em 1937: *Alcoólicos Anônimos,* escrito por Bill Wilson (1895-1971) e seus colaboradores, incluindo sua esposa e parceira intelectual Lois Wilson (1891-1988) e seu companheiro na busca pela recuperação, Dr. Bob Smith (1879-1950).

Embora de início concebida para o alcoolismo, a abordagem do AA deu origem ao movimento moderno de recuperação. Seu modelo de doze passos foi usado posteriormente para tratar problemas que englobam dependência de drogas, jogos compulsivos, controle de peso, gastos excessivos e raiva crônica. O AA alterou a linguagem da vida americana, dando origem a expressões como "um dia de cada vez", "primeiro as primeiras coisas" e "vá com calma... mas vá". Conforme observado, sua literatura também popularizou um termo ecumênico para Deus ou um Criador: "Poder Superior". Essa frase apareceu no princípio-chave do grupo de que a "defesa do alcoólico deve vir de um Poder Superior", como Bill Wilson escreveu em 1939. Mas Wilson e Smith insistiam que os doze passos deveriam formar *a própria* concepção de Deus "como nós O entendemos", conforme o terceiro passo. O "Poder Superior" capturou o ecumenismo radical que eles buscavam.[11]

De fato, a ênfase do grupo em um Poder Superior não denominacional era ainda mais radical e pouco ortodoxa em seus primórdios. O AA recebeu grande exposição e validação nacional em um artigo extenso e simpático do jornalista Jack Alexander na edição de 1º de março de 1941 do *The Saturday Evening Post*. Alexander escreveu sobre o que um recém-chegado poderia esperar do grupo:

> Se ele se inscreve nos Alcoólicos Anônimos, primeiro é levado a admitir que o álcool o dominou e que sua vida se tornou incontrolável. Depois de atingir esse estado de humildade intelectual, recebe uma dose de religião no sentido mais amplo. Pede-se a ele que acredite em um Poder maior do que ele ou, pelo menos, que mantenha a mente aberta sobre esse assunto enquanto prossegue com o restante do programa. Qualquer conceito de Poder Superior é aceitável. Um cético ou agnóstico pode optar por pensar em seu Ser Interior, no milagre do crescimento, em uma árvore, na admiração do homem pelo universo físico, na estrutura do átomo ou no mero infinito matemático. Qualquer que seja a forma visualizada, o neófito é ensinado que deve confiar nela e, à sua maneira, orar ao Poder para obter força.

---

11. O termo Poder Superior provavelmente entrou no léxico de AA por meio do best-seller de Ralph Waldo Trine de 1897, *In Tune with the Infinite* (Em sintonia com o infinito), um dos livros favoritos de Bob Smith. Trine usou o termo repetidamente com referência especial ao álcool: "À medida que chegamos à compreensão dos poderes superiores da mente e do espírito... também desaparece o desejo por alimentos e bebidas mais pesados, mais grosseiros e menos valiosos, como a carne de animais, bebidas alcoólicas...". Eu me aprofundo na história do AA em meu livro *One Simple Idea: How Positive Thinking Reshaped Modern Life* (Uma ideia simples: como o pensamento positivo reformulou a vida moderna).

Esse é o tipo de espiritualidade heterodoxa e de fonte aberta que endosso neste hábito cósmico. Agora, acredito na natureza geral da abordagem de AA; creio que há momentos em que os fardos da vida nos sobrecarregam e exigem a solicitação de alguma energia de natureza superior. No entanto, alguns buscadores não se sentem à vontade nem mesmo com o termo não sectário Poder Superior, pois ele ainda se baseia nas suposições do modelo religioso hierárquico ou abraâmico. É por isso que eu prefiro o termo *Força Maior*.

Uma Força Maior pode ser qualquer coisa que represente a natureza extrafísica da vida. Pode ser uma divindade antiga com a qual você sente ressonância. Pode ser o que os gregos herméticos chamavam de *Nous* ou uma mente superior; o que Ralph Waldo Emerson dizia ser a Superalma; o que Napoleon Hill denominava Inteligência Infinita; ou, para o cientista-místico Emanuel Swedenborg, Influxo Divino. Sua Força Maior pode até ser o ciclo da própria Força Cósmica do Hábito – a ordem inata e eterna que mantém toda a vida, como o conceito de Tao na antiga filosofia chinesa.

Não sou ateu, mas gosto da ardente secularização de Jack Alexander do conceito de uma Força Maior: "Um cético ou agnóstico pode optar por pensar em seu Ser Interior, no milagre do crescimento, em uma árvore, na admiração do homem pelo universo físico, na estrutura do átomo ou no mero infinito matemático". (Estou indeciso quanto a essa questão, mas, na concepção de Alexander, um Objetivo Principal Definido também poderia servir de Força Maior.) Se, por exemplo, uma pessoa pensa em termos materialistas, pode ser possível ler o trabalho de uma filósofa como Ayn Rand, que eleva a vontade humana à posição de expressão máxima da vida. A expressão de Rand sobre a importância seminal da *novidade* não é diferente dos princípios encontrados no Zen. Os críticos veem em Rand uma figura excessivamente comprometida com a aquisitividade ou uma forma implacável (e às vezes hipócrita) de darwinismo social econômico; mas, na verdade, a perspectiva central de Rand é a da expressividade humana, embora sem as concepções convencionais de serviço, comunidade ou altruísmo, que ela considerava, pelo menos como tradicionalmente expressas, eticamente confusas, mal definidas e diversionistas. Para alguns leitores, isso é um obstáculo. Os críticos de Rand, portanto, a veem como maléfica (ou uma *Mean Girl [Garota má]*, como foi intitulado um estudo crítico recente). Embora eu ache o tom de Rand muito absolutista e belicoso (o que ela, por sua vez, atribuiria à minha confusão ética), seria um erro concluir que a autora não se comoveu com o sofrimento humano. Ela considerava *a aplicação da vontade* a única solução duradoura para o sofrimento. As alegações de altruísmo, em sua opinião, são muitas vezes meios disfarçados de comportamento ditatorial ou o desejo de controlar outra pessoa. Se você gosta dessas ideias, mas se identifica com uma estética mais ocultista, também pode investigar o trabalho do artista, provocador e fundador da Igreja de Satanás, Anton LaVey, que prescreveu a aplicação da vontade e o próprio estilo do que eu chamo de "Pensamento Positivo Armado".

De qualquer forma, não é necessária nenhuma perspectiva de crença, em minha opinião, para conceber, experimentar e utilizar as forças maiores da vida. Se este livro for bem-sucedido, será um manual para fazer isso. Retomaremos esse tema em nosso último capítulo.

HÁBITO 18

Você é tão bom quanto a sua palavra

Há muitos anos, publiquei um livro de um autor profundamente inteligente e sério que fazia parte de um círculo de neopagãos e buscadores do ocultismo baseados na natureza, na Inglaterra. Eles se mantinham em altos padrões. Seu primeiro e principal princípio: manter sua palavra.

Esta é uma dura verdade da vida: *se você não puder manter sua palavra, não poderá fazer nada.*

Nenhuma prática isolada faz mais para eliminar as fantasias de "iluminação", o compartilhamento piegas de experiências, as intimidades forçadas, o senso inflado de progresso ou outros males de nosso cenário espiritual alternativo do que a aplicação desse padrão simples – desde que seja feito com integridade e auto-observação.

Esforçar-se para manter sua palavra significa, às vezes, falhar. Mas reconhecer essa falha – e senti-la – é uma ajuda em si. No entanto, você nunca deve usar esse reconhecimento como justificativa, um truque que aprendemos muito rapidamente. O verdadeiro reconhecimento envolve sofrimento.

Gostaria de compartilhar uma história do livro de memórias *Boyhood with Gurdjieff* (Infância com Gurdjieff), de Fritz Peters, de 1964, um registro assombroso e poderoso. Na obra de Peters, o autor relata o compromisso exigido dele pelo professor espiritual greco-armênio G. I. Gurdjieff (1866-1949) quando ele tinha onze anos. O adolescente conheceu Gurdjieff em junho de 1924, quando foi enviado para passar o verão na escola do professor, o Prieuré, uma propriedade comunitária em Fontainebleau-Avon, nos arredores de Paris. Um dia, conversando com Fritz em um pátio de pedra, Gurdjieff bateu na mesa com o punho e perguntou:

"Você pode prometer fazer algo por mim?".

O garoto respondeu com firmeza:

"Sim".

O professor apontou para a vasta extensão de gramados da propriedade.

"Está vendo esta grama?", perguntou ele.

"Sim", disse Fritz novamente.

"Eu lhe ofereço um trabalho. Você deve cortar essa grama, com a máquina, toda semana."

Fritz concordou – mas isso não foi suficiente. Gurdjieff bateu na mesa com o punho pela segunda vez. "Você precisa prometer a seu Deus." Sua voz estava mortalmente séria. "Você precisa prometer que fará isso, não importa o que aconteça."

Fritz respondeu:

"Eu prometo".

Novamente, não foi suficiente. "Não basta prometer", disse Gurdjieff. "Você deve prometer que vai fazer, não importa o que aconteça, não importa quem tente impedi-lo. Muitas coisas podem acontecer na vida."

Fritz prometeu mais uma vez.

Muitas coisas podem acontecer na vida. Muito em breve, na vida de Fritz e de seu professor, algo sísmico e perturbador de fato ocorreu. Gurdjieff sofreu um grave acidente de carro e, por várias semanas, ficou quase em coma se recuperando no Prieuré. Fritz, sentindo que tudo aquilo parecia quase predestinado, honrou seu compromisso de continuar cortando a grama. Mas ele encontrou uma forte resistência. Vários adultos da escola insistiram com ele que o barulho perturbaria a convalescença de Gurdjieff e poderia até resultar na morte do mestre. Fritz se lembrou de como a promessa havia sido exigida de forma implacável e como fora cumprida de modo integral. Ele se recusou a ceder. Continuou cortando a grama – e ninguém o impediu fisicamente. Um dia, enquanto Fritz cortava a grama, viu o mestre em recuperação sorrir para ele da janela do quarto.

Acho que captei esse episódio com exatidão, pelo menos na medida em que o autor o relatou. Não é fácil fazer isso. O mestre espiritual Gurdjieff não pode ser facilmente resumido em suas lições ou em qualquer um dos episódios que cercam sua vida. As pessoas muitas vezes tentam comparar as ideias ou os métodos de Gurdjieff a outras coisas ou reafirmá-los: "Ah, é como...". Um colega meu disse certa vez: "Não é *como* nada".

Observo isso para chegar a um ponto relacionado. O maior benefício que recebi do trabalho de Gurdjieff foi a eliminação das fantasias.

Nós, no Ocidente moderno, estamos repletos de contradições. Em uma dessas contradições, somos ensinados de modo repetido – corporativa, educacional, terapêutica, espiritualmente – o quão grandiosos somos. As pessoas estão cheias de visões arrogantes de si mesmas. (Elas também estão cheias do oposto – recebemos mensagens confusas.) Muitas vezes nos dizem que somos "especiais" para que nos vendam coisas. A cultura da Nova Era, que faz muitas coisas boas, também incentiva essa atitude de "sou especial". Mas dê a alguém uma tarefa desconhecida em um horário inconveniente e você verá o quanto somos poderosos ou especiais. Não muito.

Cumprir sua palavra é uma forma de avaliar a si mesmo. Revela seus relacionamentos e como os outros o veem. O cofundador de Alcoólicos Anônimos, Bill Wilson, que mencionamos no capítulo anterior, fez a importante observação de que o progresso é mais bem medido pelos outros – temos um filtro para o ego, mas os outros tendem a nos ver primeiro e mais claramente. A forma como os outros o veem e vivenciam depende muito do grau em que você mantém sua palavra.

O Hábito 18 é simples no sentido de ser básico. Mas ele vai ao âmago de quem você é.

Manter sua palavra, ou não mentir, como visto no Hábito 10, ou evitar algum conforto familiar, se feito com intenção verdadeira, são fontes de poder porque *eliminam a teatralidade e a ilusão*; e, se bem-sucedidas, essas medidas deixam à vista seu eu mais autêntico. Os outros observam e respondem a isso. Essa é a verdadeira definição de ser você mesmo. Que isso comece com o cumprimento de sua palavra.

Há um complemento a esse ponto. Anteriormente, citei Nietzsche: "Fórmula para nossa felicidade: um Sim, um Não, uma linha reta, um objetivo". Quando você concorda em fazer um favor para alguém ou se compromete a ajudar em algo, faça-o integralmente. Sim significa sim – não *sim-menos* ou *sim-mas* ou *talvez* (que na verdade é apenas um não em câmera lenta). A recusa de assistência total quase nunca é indicativa de julgamento crítico ou discrição; na maioria das vezes, é parcimônia ou agressão passiva. E é sentida como tal. Uma das principais informações para saber se alguém se mostrará um parceiro, amigo, sócio ou interlocutor confiável é o grau em que ele ou ela cumpre integralmente o que foi prometido. Ou, ao contrário, tem a franqueza de dizer *não*.

Em todo caso: nunca ofereça a alguém um copo de água pela metade. Quando você disser sim, vá até o fim.

Manter sua palavra também significa esforçar-se *para fazer por si mesmo*. Imagine as mudanças que poderiam ocorrer em sua vida, em sua autoimagem e em seus relacionamentos se você internalizasse esse princípio: *depender excessivamente dos outros corrói seu senso de respeito próprio e corrói suas habilidades e perspicácia básicas*.

Recentemente, percebi que estava entrando em um padrão menor de dependência em questões de culinária, preparação de alimentos e planejamento de refeições. Vi os efeitos se acumulando e prometi reverter o curso. Fazer isso fortaleceu meus relacionamentos e minha casa, repercutindo em várias áreas de minha vida.

Os relacionamentos, as carreiras e os lares passam por momentos decisivos por causa de coisas que parecem pequenas. Algo que se torne um repositório, símbolo ou ponto de apoio para a *emoção* afeta drasticamente o ambiente ao seu redor. Isso pode ser tão pequeno quanto arrumar ou, por hábito, deixar a cama desarrumada.

Acredito que um pequeno compromisso, assumido com paixão e cumprido (mesmo que de forma irregular), pode mudar seu mundo. Até mesmo o mundo. Imagine se apenas 10% do público, ou mesmo 1%, fizesse este voto – e fosse sincero:

> *Primeiro, farei todos os esforços para atender às minhas necessidades antes de solicitar a ajuda de outra pessoa; solicitarei a ajuda de outra pessoa somente quando questões de bem-estar ou segurança pessoal estiverem envolvidas ou quando eu tiver feito todos os esforços razoáveis por conta própria.*

Guardamos enorme ressentimento dos outros – e *vergonha de nós mesmos* – por questões de dependência supérflua. Quebre esse ciclo.

HÁBITO 19

Descubra sua polaridade

Vivi um momento revolucionário quando estava em Denver, na primavera de 2018, para fazer uma série de palestras. Um dia, em meu quarto de hotel, li esta passagem de *Quem pensa enriquece*:

> O. Henry descobriu o gênio que dormia em seu cérebro depois de topar com grande infortúnio e ser confinado a uma cela de prisão em Columbus, Ohio. FORÇADO pelo infortúnio a se familiarizar com seu "outro eu" e a usar a IMAGINAÇÃO, ele se descobriu um grande autor em vez de um criminoso e pária desgraçado.
>
> Estranhos e variados são os caminhos da vida, e mais estranhos ainda são os caminhos da Inteligência Infinita, por meio dos quais os homens às vezes são forçados a sofrer todo tipo de punição antes de descobrir o próprio cérebro e a própria capacidade de gerar ideias úteis com a imaginação.

Naquele momento, eu sabia de algo como um fato – da mesma forma que você experimenta um fato de si mesmo ao descobrir que outra pessoa com quem não tem nenhuma conexão teve exatamente a mesma experiência pessoal que você. O que eu sabia era: há dois de nós em uma única pessoa. É claro que podemos falar em termos de múltiplos "eus" e diferentes "eus" interna e circunstancialmente, mas não é isso que estou querendo dizer. Cada um de nós tem o que pode ser chamado de "eu mais" e "eu menos". Um eu capaz e focado; e um eu que está se encolhendo e difuso. O eu positivo é aquele que você experimenta quando percebe que uma tarefa ou esforço considerado trepidante estava ao seu alcance. É o eu que se mostra formidável mesmo quando você é induzido a recair na dúvida habitual ou na auto-obsessão mórbida. Esse eu maior, ao ser lançado nos próprios recursos, encontra soluções que, durante os períodos de medo, parecem duvidosas e ilusórias, mas que se mostram inteiramente reais e alcançáveis. Esse eu positivo, percebi, não é uma figura de linguagem ou fantasia compensatória. É um fato real.

Descobri isso em um conto instrutivo de 1900, chamado *The Magic Story* (A história mágica), de Frederick van Rensselaer Dey (1861-1922). Dey, um prolífico escritor de ficção do gênero policial, capturou uma das verdades mais extraordinárias da natureza humana e criou uma das obras inspiradoras mais estranhas já escritas. Escrito em duas partes, *The Magic Story* apresentava o tema de um duplo positivo, que Dey chamou de "entidade adicional". O conto descreve a vida de um artesão do século 17 que descobre que uma presença assombrosa, ou outro eu, está pairando ao seu redor. O herói de Dey descobre que seu contra-eu é uma parte real dele, "calma, firme e autoconfiante". Assim que ele passa a se identificar com sua entidade positiva, sua vida é radicalmente transformada para melhor. "Faça de sua mais-valia uma companheira diária e noturna", aconselha o herói.

Quem é sua entidade positiva? Só você sabe com certeza. É o eu que sente dentro de si como alternativa a seus comportamentos e reações rotineiros. Você tem vislumbres desse eu, portanto sabe que ele é real. É o eu que calmamente estabelece a lei com uma pessoa violenta. É o eu que cumpre o que foi prometido, a despeito de interrupções inesperadas. É o eu que avalia as situações e age com rapidez. É o eu que não sente necessidade de se enfeitar, mas que, mesmo assim, se apresenta em público com respeito próprio e conhecimento adquirido. É o eu que se move progressiva e persistentemente em direção a um objetivo estimado.

Por fim, é por isso que você não pode revelar seu objetivo ou suas percepções a pessoas aleatórias e, às vezes, nem mesmo àquelas de quem é próximo: apenas você conhece a natureza do seu outro eu. Sua entidade oposta é íntima. Somente você sabe quais necessidades ela deve suprir e quais chamados deve atender. Assim que oferece a alguém o que quer ou quem quer ser (os dois são, em última análise, a mesma coisa), a pessoa começa a separar o que você quer e lhe diz: "Não é nesta direção, é naquela". Pode lhe oferecer exemplos contrários da própria experiência ou, pior ainda, citar bromídias espirituais: dicas há muito conhecidas e anódinas que nos dizem como devemos viver.

Meu argumento, conforme observado na introdução, é que *devemos viver na direção da autoexpressão*. Sem isso, você sente tristeza. Com ela, sente-se gravitacionalmente puxado na direção da vitória – tanto potencial como realizada. Hoje em dia, quase nunca usamos termos como vitória, pois entendemos esses conceitos como unilaterais, estreitos, opressivos ou ilusórios. No entanto, dentro do indivíduo, a vitória é o que se busca, e seu coração não ficará tranquilo até que ela seja alcançada. A vitória satisfaz em última instância? Grande parte da literatura sobre sabedoria questiona isso. E é uma pergunta válida. Mas, assim como a natureza do dinheiro, ela nunca pode ser abordada com maturidade sem antes ser experimentada.

Devo explicar que não estou aconselhando uma atitude de "fazer tudo sozinho". Quando aconselho a não compartilhar seu objetivo, não quero dizer isso de forma excludente, mas discricionária. Recentemente, ao escrever estas palavras, compartilhei meu objetivo com uma das pessoas em quem mais confio. Ela fez algumas críticas pontuais e úteis. Eu as levei a sério. A troca de ideias foi valiosa não apenas pela qualidade e pela percepção de seu intelecto, mas também porque eu havia sido muito seletivo ao compartilhar meu objetivo apenas com alguém que eu sabia que poderia me dar apoio e fazer uma crítica fundamentada.

Encontrar seu outro eu pode ser um processo instável, mas ele deve começar com uma abertura absoluta. E uma crença ou fé pessoal – que *em ação* é chamada de persistência – de que essa possibilidade existe.

Isso me chamou a atenção em uma noite em que eu estava com amigos. Enquanto a conversa corria ao meu redor, eu estava ruminando sobre algumas questões da vida e, de dentro de mim, percebi um princípio que me chegou quase como uma voz: "Você é mais forte do que pensa". Fiquei impressionado com o fato indelével e comprovável dessa afirmação não apenas para mim, mas para todos. Pode parecer comum, mas a verdade é simples e chega como uma força. E o que é verdadeiro nunca é comum, mas básico. Essa declaração era, na verdade, a voz do meu outro eu. Eu me transformei? Sim, em silêncio. No dia seguinte, em vez de acordar e perseguir todas as pequenas fogueiras que eu tinha certeza de que estavam queimando em algum lugar, dei um passo atrás. O que eu de fato queria? E será que a atividade frenética me levaria até lá? Ralph Waldo Emerson fez uma observação intrigante em seu ensaio "The Over-Soul" (A alma suprema), em 1841:

> As coisas que são realmente para você gravitam em sua direção. Você está correndo para procurar seu amigo. Deixe seus pés correrem, mas sua mente não precisa. Se não o encontrar, não concordará que é melhor não o encontrar? Pois há um poder que, assim como está em você, também está nele e, portanto, poderia muito bem uni-los, se fosse para o melhor. Você está se preparando com entusiasmo para ir prestar um serviço para o qual seu talento e seu gosto o convidam, o amor dos homens e a esperança de fama. Não lhe ocorreu que você não tem o direito de ir, a menos que esteja igualmente disposto a ser impedido de ir? Acredite, enquanto vive, que todo som que é falado em todo o mundo, e que você deveria ouvir, vibrará em seu ouvido! Todos os provérbios, todos os livros, todas as palavras que lhe servem de ajuda ou conforto, decerto voltarão para casa por passagens abertas ou sinuosas. Todo amigo

> que não seja sua vontade fantástica, mas o coração maior e mais terno que há em você deseja, o envolverá em seu abraço.

Às vezes, há, e deve haver, força no repouso. Isso está relacionado a um dos 64 símbolos de seis linhas ou hexagramas que compõem o antigo oráculo chinês, o *I-Ching*, que usa os símbolos da natureza para transmitir significados. Por esse motivo, a antiga obra é uma boa fonte de estudo paralelo à prática da Força Cósmica do Hábito, que também busca detectar e prescrever os padrões da natureza. O hexagrama seis do *I-Ching* às vezes é chamado de "Inação Calculada". O sinólogo e tradutor John Blofeld descreveu o significado desse pictograma em sua clássica (embora às vezes esquecida) análise do *I-Ching* de 1968:

> O significado desse hexagrama é que a inação, enquanto aguardamos o resultado dos acontecimentos, nos permitirá evitar um perigo que agora nos ameaça. Firmeza, clareza mental e sucesso na conquista da confiança dos outros são exigidos de nós agora; com eles, nossos empreendimentos prosperarão. Além disso, esse período de inação é um bom momento para fazer uma viagem ou para relaxar e se divertir.

Nem sempre é fácil encontrar o equilíbrio certo entre descanso e esforço. Em certos momentos, a necessidade de repouso simplesmente se faz sentir e o resultado fica em segundo plano. Convido-o a buscar seu "eu mais", afastando-se às vezes das abordagens comuns. Pode ser que alguns precisem de mais repouso – e outros de mais esforço. Apenas a honestidade absoluta lhe dirá isso. Sem honestidade, sua entidade positiva nunca será bem-vinda.

Você pode experimentar sua entidade positiva como um conhecimento ou, possivelmente, uma sensação física. Essa última pode, a princípio, parecer alarmante. Mas, nesses momentos, seja apenas acolhedor. É apenas a si mesmo que você está encontrando, seja metaforicamente ou talvez de alguma forma mais literal. Aprendi nos últimos anos que meu único medo real no caminho é o da estagnação ou da ilusão. Não quero me enganar nem me desorientar, nem a outra pessoa. Essa é a minha regra fundamental. Quando algo parece um pouco assustador, é um sinal de potência. Aceite-o.

HÁBITO 20

Evite personalidades predatórias

Antes, citei a advertência de Napoleon Hill: "Evite pessoas e circunstâncias que façam você se sentir inferior". Essa simples observação contém dimensões maiores do que pode parecer à primeira vista.

Uma das lições mais difíceis que tive de aprender na vida, e que ainda estou aprendendo enquanto escrevo estas palavras, é a prevalência de pessoas que são *emocionalmente predatórias*. Elas usam jogos de poder emocional – quase sempre com uma negação plausível – para mantê-lo instável, necessitado ou confuso.

Os jogos de poder emocional são vampíricos. Esses movimentos são a realidade adjunta para a qual o vampiro mítico é a metáfora. Eles devem ser observados e, quando descobertos, afastados.

O que estou escrevendo adquiriu um senso de urgência maior para mim recentemente. Percebi que é provável que a personalidade predatória – e afirmo isso sem base em dados que não sejam a observação pessoal – componha algo em torno de 50% da população. Por mais chocante que essa hipótese pareça (embora menos chocante quando se examina a mídia social), é por isso que nossa cultura está repleta de termos como narcisista, valentão, louco, abusador, personalidade limítrofe e assim por diante. Essas e outras expressões denotam o predador emocional, cujo objetivo, às vezes inconscientemente – o que não tem nenhuma importância pragmática em termos de conduta –, é usar a força sobre outra pessoa ou obter uma sensação de poder com o sofrimento do outro. Às vezes, essa sede de força decorre de um déficit criativo, físico, íntimo ou financeiro, pelo qual o agressor compensa com uma dominação destrutiva. O mais importante não é analisar essa dinâmica, mas evitá-la.

Existe um subconjunto dessa personalidade predatória, que pode ser identificado sob a rubrica de *parasita versus criativo*. Essa variante aparece em indivíduos que se ligam a projetos, instituições ou pessoas para receber glória refletida. O que se busca pode ser reputação, imagem, oportunidade ou dinheiro. Não há nada de errado com isso, desde que outra parte *contribua autenticamente* para a qualidade do que está presente e, assim, se beneficie simbioticamente. O perigo da personalidade parasitária é que meses ou até anos podem se passar antes que sua natureza de tomador *versus* contribuinte fique clara.

As personalidades predatórias costumam ser cognitiva e emocionalmente sofisticadas. Elas podem sustentar períodos de amizade e até mesmo de intimidade por meses ou anos: enquanto o arranjo fornecer aquilo de que precisam. No entanto, apesar da simulação de vínculo, essa pessoa não sente empatia. A personalidade predatória pode ler as emoções – mas *as únicas emoções que essa persona experimenta são suas*. Por isso, essas figuras se mostram perspicazes, astutas e possuem uma autojustificativa bem construída. Podem até esconder seus motivos de si mesmas. No romance de humor ácido *Flashman* (1969), de George MacDonald Fraser, o anti-herói diz: "Observei, no decorrer de uma vida desonesta, que quando um patife está delineando um plano traiçoeiro, ele se esforça mais para convencer a si mesmo do que para comover seus ouvintes".

Essa dinâmica também revela por que as pessoas, às vezes, formam parcerias de negócios apenas para descobrir, anos depois, que seu colaborador – alguém que talvez seja padrinho de seus filhos, um confidente ou um conselheiro – desviou lucros ou cometeu fraude. Às vezes, isso é revelado por meio de um único evento ou é detectado ao longo do arco de um padrão. Quando a realidade vem à tona, cria uma ruptura tão grande com a percepção que a vítima não consegue digeri-la de imediato. Quando a digestão acaba ocorrendo e os danos são avaliados e atenuados, a traição em si pode permanecer parcialmente não digerida, talvez por toda a vida. Isso é compreensível. A sensação de que alguém em quem você confiava e com quem compartilhava intimidades também se comportava com duplicidade pode ser impossível de aceitar. Esse é o efeito posterior do comportamento predatório.

Lembre-se sempre: o predador emocional *reconhece as emoções* – isso é parte do que o torna eficiente –, *mas vivencia apenas as próprias emoções*. Por isso, a pessoa pode ter um vocabulário emocional considerável e oferecer boas percepções, mas *se relaciona* apenas com o que ele ou ela passa. É por isso que a pessoa não consegue se ver como um predador. A raiva, a tristeza ou a necessidade que sente é sua única realidade emocional. Isso alimenta um senso de justiça, mesmo que aja de forma impiedosa. Da perspectiva predatória, todos os meios são justificados e racionais.

Como esse tipo de personalidade é tão predominante, pode ser, francamente, impossível evitá-lo por completo. Você pode se deparar com relacionamentos de curto ou longo prazo com essas figuras no trabalho, na família, na escola, no Exército e assim por diante. Quando detectá-los, não se culpe, mas desvie deles com cuidado e se distancie assim que puder. Isso é mais fácil de ser feito em ambientes institucionais do que em casamentos ou parcerias, é claro, que podem acarretar crises de longo prazo para serem resolvidas.

Mas você se sairá melhor em qualquer tipo de crise relacional, e escrevo isso tanto pelo sucesso quanto pelo fracasso, se não se culpar. Não sou especialista em diagnósticos. Sou um estudante de longa data e irregular na estrada da vida, e nada mais. Com base nisso, estimo que essas personas, conforme observado, representam talvez metade da população. Portanto, a questão não é: "Por que isso aconteceu comigo?". É provável que isso aconteça *em algum momento*. O crescimento ocorre quando você o descobre. E, ao descobri-lo, tome medidas para não permitir que esse abuso se repita. Se você for como eu, isso pode implicar vários falsos começos. Não se culpe; apenas aja.

O comportamento emocionalmente predatório pode assumir tantas formas diferentes que sua variedade pode parecer inumerável. Mas vou listar os padrões mais proeminentes, pelo menos em minha observação.

DESVALORIZAÇÕES SUTIS. Alguém costuma fazer perguntas retóricas – "Você já terminou seu Ph.D.?" – com a intenção de sutilmente diminuir seus esforços ou seu respeito próprio. O orador costuma enquadrar a declaração de maneira que permita a negação plausível de qualquer ofensa pretendida. Essa dinâmica de *negação* é um dos sinais de um predador emocional. Se você detectar esse padrão, não o explique. Sua consciência é uma dádiva. Use-a e fuja.

INSULTOS. Alguém se refere a você ou ao seu grupo social de modo humilhante ou desdenhoso. Por exemplo, a pessoa pode não usar um termo negativo na sua cara, mas dirá algo historicamente depreciativo sobre um bairro, escola, afiliação ou grupo ao qual você pertence ou com o qual se identifica. Esse comportamento ocorre com base na negação plausível, a principal ferramenta do predador. Em outros casos, a parte pode ser cordial pessoalmente, mas recorrerá a insultos nas mídias sociais.

OFUSCAÇÃO. Alguém sempre deixa escapar prazos, resiste à especificidade de números ou datas, deixa compromissos ou planos não confirmados, não reconhece comunicações oportunas ou adota uma postura de afastamento em momentos críticos. O obscurecimento proposital o mantém instável. É um jogo de poder. Rejeite-o.

COMUNICAÇÃO FALSA. A outra parte, talvez ao saber que você está insatisfeito com algo, concorda em conversar sobre os problemas, mas, na verdade, usa trocas prolongadas ou obscuras como tática de exaustão, manipulação ou busca de informações para os próprios fins. Toda a conversa, às vezes durante horas, não produz nenhuma mudança e consome seu tempo. Como disse um amigo: "Algumas pessoas usam a comunicação como forma de bloquear a comunicação". É uma manobra de controle.

REVERSÕES. A parte predatória parece ceder e afirmar que vai mudar, mas quebra sumariamente a palavra. A pessoa pode concordar em princípio ou prometer consertar alguma coisa na "segunda-feira de manhã", mas nunca age de acordo com isso.

PRESENTES OU PROMESSAS NÃO CUMPRIDAS. A pessoa lhe oferece alguma possibilidade em termos de emprego, tarefa ou convite, mas depois nunca mais toca no assunto. As trocas de mensagens ficam em silêncio ou se transformam em palavreado sem compromisso. Isso o mantém em um estado suspenso de desejo e à disposição da pessoa.

GHOSTING. Os bloqueios de comunicação são comuns em nossa época, mas, como todas as facetas da natureza humana, são anteriores à era digital. A tecnologia social exacerba as crises humanas de longa data. Digamos que alguém inicie um relacionamento com você e depois o abandone. Completamente e sem explicação. Esse é o dispositivo predatório definitivo. Quando detectar isso, fique feliz por ter evitado um envolvimento pior. Isso pode não ser totalmente satisfatório para seu coração, mas é a verdade. Nada dá mais sensação de falso poder ao predador – preenchendo um déficit que a pessoa não consegue satisfazer por meios relacionais ou criativos – do que atrair um amigo, amante, colaborador ou confidente apenas para abandoná-lo abruptamente, criando perplexidade, dúvida e mágoa. A crueldade dá poder ao predador.

* * *

Quando você descobre um predador emocional, o que deve fazer? Em primeiro lugar, não confronte a pessoa. Você não chegará a lugar nenhum. Conforme observado, o predador sempre possui, e sempre usará, a negação plausível. O confronto se voltará contra você ("você é muito sensível"; "está exagerando"), e você se tornará vítima mais uma vez. O principal é reconhecer a verdade para si mesmo e, gentilmente, mas com firmeza, tomar medidas para se afastar. Essas medidas podem não ocorrer de imediato. Pode haver laços e vínculos difíceis de serem rompidos. Mas seu reconhecimento é fundamental. A convicção interior tem o próprio impulso. Em seguida, faça planos e aja com calma.

Certa vez, orei pedindo sabedoria. Sabedoria é experiência. Eu recebi experiência. Não escrevo este capítulo de outro lugar. Se ele corresponder à sua sensibilidade interior, use-o.

HÁBITO 21

Quando você encontra uma cobra na estrada

Vou compartilhar uma história pessoal que é tão direta em detalhes que não deixará dúvidas de que estou sendo transparente com você neste livro. Faço essas revelações propositalmente não apenas para fornecer conselhos viáveis, vívidos e, espero, relacionáveis a partir da perspectiva da busca, mas também porque abomino trabalhos de espiritualidade prática ou autoajuda que fogem de realidades difíceis com truísmos familiares, histórias e dados exagerados, identidades ocultas ou anedotas melosas. Você merece algo melhor. E vai conseguir.

Esta é uma história que a maioria dos americanos contemporâneos já vivenciou, de uma forma ou de outra, ao lidar com seguro de saúde privado. Pouco antes do *lockdown* da covid, no início de 2020, passei a fazer pagamentos Cobra[12] em meu plano de saúde. Devido a problemas burocráticos – ou, de forma mais realista, a políticas intencionais –, encontrei-me em uma zona de transição ou "zona morta" de seguro por aproximadamente dois meses. Paguei valores que deveriam ser aplicados retroativamente a esses meses; apesar disso, a operadora se recusou a reembolsar cerca de US$ 900 em despesas cobertas. Meus "recursos" não resultaram em nada além de incredulidade e estresse. Muitos de vocês que estão lendo estas palavras sabem como

---

12. Continuation of Health Coverage (COBRA) é uma lei dos Estados Unidos que permite que os trabalhadores continuem a cobertura de saúde por um tempo determinado se perderem o emprego ou em caso, por exemplo, de redução de carga horária de trabalho (https://www.dol.gov/general/topic/health-plans/cobra).

as operadoras de seguros usam esquemas de codificação complexos e exigem várias reapresentações de pedidos de reembolso para desgastar os consumidores. Em resumo, foi-me negada a cobertura pela qual eu havia pagado. É por isso que chamo o seguro saúde de "crime organizado com um ímã de geladeira". Não tenho nenhuma expectativa de que nosso sistema político conserte isso tão cedo. Estamos nessa situação sozinhos.

Enquanto lidava com os encargos financeiros da covid e desconfiava da experiência que acabei de descrever, tomei a difícil decisão, em março de 2020, de interromper meus pagamentos ao Cobra. Mas recebi uma inesperada – se bem que temporária – recuperação. De acordo com as diretrizes emergenciais do governo federal para a covid, os consumidores receberam um período de carência de um ano em seus pagamentos do Cobra. Portanto, eu estava coberto. Depois que o período de carência expirou, em abril de 2021, meu administrador da Cobra me disse que, se eu retomasse os pagamentos *a partir da data de sua suspensão*, meu seguro permaneceria intacto. Segui as instruções e fiz os pagamentos. Porém, em junho de 2021, fui notificado por correio de que meu seguro havia sido cancelado. Um representante do call center não fez mais do que ler um roteiro, dizendo-me que, independentemente do que me havia sido dito semanas antes, agora eu tinha que pagar uma quantia fixa de US$ 10 mil em prêmios atrasados para continuar coberto. Depois de consultar meu contador e um amigo que é planejador financeiro (e também faz parte do meu grupo MasterMind), fiz o pagamento de US$ 10 mil em dinheiro. Isso reduziu muito minha poupança líquida. Foi uma crise financeira.

Em uma noite de junho de 2021, fiquei pensando no que fazer. Eu estava perdido. Sentia-me à beira de um precipício. Eu precisava ganhar mais. Mas como?

No início do dia, em uma questão não relacionada, eu havia escrito isto no Twitter: "A excelência é sua única defesa". Um leitor me respondeu: "A pergunta então é: como se alcança a excelência?".

Citei uma passagem de meu livro, *The Miracle of a Definite Chief Aim* (O milagre de um objetivo principal definido):

> Em 1964, o professor espiritual Jiddu Krishnamurti conduziu uma série de diálogos com jovens estudantes na Índia. O professor falou sobre o efeito entorpecente da conformidade e a necessidade de viver de acordo com a própria luz interior. Um garoto lhe perguntou: "Como podemos colocar em prática o que você está nos dizendo?". Krishnamurti respondeu que, se quisermos muito algo, saberemos exatamente o que fazer. "Quando você encontra uma cobra na estrada", disse o professor, "você não pergunta: 'O que estou fazendo?'. Você entende muito bem o perigo de uma cobra e fica longe dela. Krishnamurti observou:
>
> "Você ouve algo que acha correto e quer colocá-lo em prática em sua vida cotidiana; portanto, há uma lacuna entre o que você pensa e o que você faz, não é mesmo? Você pensa uma coisa e está fazendo outra. Mas você quer colocar em prática o que pensa; portanto, há essa lacuna entre ação e pensamento; e então você pergunta como preencher a lacuna, como vincular seu pensamento à sua ação.
>
> "Quando você quer muito fazer alguma coisa, você a faz, não é? Quando quer ir jogar críquete ou fazer alguma outra coisa em que esteja interessado, encontra maneiras e meios de fazê-lo; nunca pergunta como colocá-lo em prática. Faz isso porque está ansioso, porque todo o seu ser, sua mente e seu coração estão nisso."

Ao reproduzir essa passagem, fiquei impressionado com a relevância imediata das palavras de Krishnamurti, bem como com a congruência do exemplo de uma cobra dado pelo professor e minha experiência com... Cobra. Não faço jogos de palavras, mas a proximidade entre a mensagem e a metáfora me tocou com pungência.

Mais cedo, no mesmo dia, eu estava escrevendo para um editor sobre um livro que queria que ele considerasse. Em meu rascunho, escrevi: "o dinheiro não é o fator mais importante...". Depois de refletir sobre a passagem de Krishnamurti, senti-me compelido a revisar minha nota. Perguntei a mim mesmo por que eu menosprezava o dinheiro. Ocorreu-me que esse é o tipo de frase que venho escrevendo, de uma forma ou de outra, durante a maior parte de minha vida adulta. Se estiver enfrentando uma cobra na estrada – não literalmente, mas também não estou preparado para dizer no sentido figurado –, *desejo muito* fugir dela? Se sim, então, como Krishnamurti observou, *já não sei o que fazer*? Bem, a primeira coisa que fiz foi cortar essa referência do meu comunicado. O dinheiro é importante. Ele não merece ser negado ou minimizado.

No início daquela mesma noite, eu estava voltando para casa de bicicleta pela ponte Williamsburg, indo do Lower East Side de Manhattan para o meu prédio no Brooklyn, depois de levar um dos meus filhos para uma orientação escolar. Ao atravessar a ponte, orei por uma solução financeira. Muitas vezes orei ao cruzar o corpo de água, o East River, que a ponte atravessa. Orar ao atravessar um rio é um ritual para mim. Ao fazer isso, muitas vezes fui libertado, embora nem sempre da maneira esperada. Naquela noite, orei por um milagre e recebi um – de certa forma. A percepção sobre o dinheiro que acabei de descrever – e a importância de não o menosprezar – ocorreu imediatamente depois que guardei minha bicicleta e entrei em casa. Meu milagre não foi um pote de ouro, mas uma luva de sabedoria. É para os milagres que trabalhamos – e esse trabalho continua depois que eles chegam. Esse milagre me desafiou a usar todos os meus dispositivos para escapar da cobra na estrada *se eu realmente quisesse ser livre.*

A verdade é que, em minha carreira, tenho me comportado de forma um tanto cautelosa em relação ao dinheiro. Tratei-o com um leve desdém e até mesmo com medo, como se me aproximar demais dele pudesse macular meus motivos ou dar a impressão errônea de que sou "ávido por dinheiro" em vez de dedicado às minhas ideias. Por isso, muitas vezes eu o tratei como algo secundário, como me peguei fazendo em meu e-mail. E, ironicamente, apesar de todos os meus esforços, incluindo a contribuição para as organizações que me acolhem, algumas pessoas ainda me enxergam como ardiloso. Isso se deve a uma faceta específica da natureza humana: *as pessoas veem nos outros apenas as características que possuem.* Alguém astuto não entende ou percebe a honestidade. Vê a honestidade como fraqueza ou trapaça. Já um indivíduo honesto vê os outros como sinceros e fica chocado quando se queima. *Tudo é um espelho.*

De qualquer forma, depois de atravessar a ponte, percebi que era necessária uma nova abordagem. Mas eu tinha que *querer mesmo* adotar uma nova abordagem. E desejá-la tanto que ela *surgiria naturalmente.* Eu estava preparado para exemplificar meu conselho sobre uma "atitude de ganho" no Hábito 14? Eu estava preparado para honrar minhas observações sobre "a força da necessidade" no Hábito 3? Ao refletir sobre isso, sabia que meu desafio não era tanto *mental* quanto *emocional.* As emoções são nossos governantes supremos. Isso é especialmente verdadeiro em questões de dinheiro e intimidade, mas não apenas nelas. Ao enfrentar um desafio – pode ser financeiro ou não –, a questão de descobrir se você *quer mesmo uma solução* é o maior determinante para saber se ela será encontrada.

O desejo é fundamental, mas não é o fim da equação. O desejo deve ser realizado com desenvoltura e habilidade, o que veremos a seguir.

Se você é um leitor de Napoleon Hill, provavelmente sabe que em *Quem pensa enriquece* o autor o aconselha a: 1) listar uma quantia específica relacionada ao seu objetivo; 2) determinar a data em que pretende ganhá-la; e 3) realmente *ver e sentir* essa quantia em sua posse. No Hábito 2, aconselhei flexibilidade quanto ao fato de indicar uma quantia. Não considero isso uma ortodoxia. Ao mesmo tempo, flexibilidade não significa evitar. Por isso, quero revisitar o que Hill escreveu – e como agi em relação a isso à luz desses eventos. Talvez no capítulo mais importante de *Quem pensa enriquece*, "Desejo", Hill descreve seis etapas para atingir sua meta.

PRIMEIRO. Fixar na mente a quantidade *exata* de dinheiro que você deseja. Não basta dizer apenas "quero bastante dinheiro". Seja específico quanto ao montante. (Existe um motivo psicológico para a exatidão, que será descrito em um capítulo posterior.)

SEGUNDO. Determine exatamente o que você pretende dar em troca do dinheiro que deseja. (Não existe essa coisa de "algo a troco de nada".)

TERCEIRO. Estabeleça a data definida em que você pretende *ter* o dinheiro que deseja.

QUARTO. Crie um plano definido para realizar seu desejo e comece a colocar o plano em *ação imediatamente*, esteja pronto ou não.

QUINTO. Escreva uma declaração clara e concisa da quantia de dinheiro que você pretende adquirir, cite o prazo para a aquisição, indique o que você pretende dar em troca do dinheiro e descreva com clareza o plano pelo qual pretende acumular a quantia.

SEXTO. Leia sua declaração escrita duas vezes por dia em voz alta, uma vez antes de se recolher à noite e uma vez após se levantar pela manhã. AO LER, VEJA, SINTA E ACREDITE QUE JÁ ESTÁ DE POSSE DO DINHEIRO.

Hill acrescenta um comentário várias linhas depois que eu havia negligenciado: "Apenas aqueles que se tornam 'conscientes do dinheiro' acumulam grande riqueza. 'Consciência do dinheiro' significa que a mente fica tão completamente saturada com o desejo por dinheiro que a pessoa consegue se ver já de posse dele". Em uma de minhas três edições do livro *Quem pensa enriquece*, que leio e sobre a qual comento com regularidade, incluí esta nota de margem sem data ao lado dessa passagem: "Isso está faltando devido ao medo da perda – concordo rapidamente". Isso está relacionado ao que observei antes sobre não querer parecer excessivamente apegado ao dinheiro. Mas Hill também escreve: "Você também deve ficar ciente de que nunca poderá ter grande riqueza a menos que consiga chegar a um estado de desejo ardente por dinheiro e acreditar de verdade que o obterá". Esse "desejo ardente" também estava faltando – algo que os eventos que descrevi revelaram. E começou a se reverter.

Na verdade, vários meses antes desses eventos, elaborei um orçamento mensal do que eu precisava para ter uma vida financeira próspera e segura, que atendesse às necessidades das pessoas que amo e às minhas próprias. Cheguei a um valor anual ambicioso, mas realista. No passado, eu havia trabalhado com outras somas que almejava ganhar. Em um caso, o valor exato chegou até mim dentro do prazo especificado. Mas, em outros, eu estava trabalhando com valores altos demais para serem realistas. Para se ver de posse de uma quantia, *você deve acreditar que ela está de fato ao seu alcance*. O valor pode ser substancial, mas não fantástico. Hill também escreve que você deve esperar que o valor aumente *gradativamente* entre o momento em que o escreve e a data desejada. Como a maioria dos ganhos, seu valor é parcelado.

Quando retornei ao meu valor orçado, descobri que agora eu podia *vê-lo e senti-lo em minha posse*. Eu o havia bloqueado cuidadosamente. Senti que *o merecia* pelo trabalho que realizei. É ambicioso, mas razoável. É uma quantia que posso mentalizar e sentir.

Em minhas anotações anteriores, escrevi: "Começo a me mover progressivamente em direção a essa meta em outubro de 2020 e alcanço essa média mensal a partir de junho de 2021". Por acaso, a data da minha meta coincidiu quando comecei a escrever esta seção. No momento em que escrevo, não atingi minha meta; portanto, fui obrigado a redefini-la. Mas não me senti desanimado. Esse tipo de redefinição não deve ser temido, evitado ou motivo de preocupação – é um aspecto natural e, eu diria, progressivo do trabalho com o programa de Hill. O mais importante é que, pela primeira vez desde que comecei a trabalhar rigorosamente com *Quem pensa enriquece*, aproximadamente oito anos antes, pude ver e sentir uma soma orçamentária, incremental e renovável diretamente em meu poder. Ao escrever estas palavras, acumulei compromissos que me colocam mais perto de minha meta do que em qualquer outro momento desde que a idealizei.

Minha confiança vem do esforço. Não é possível extrair um número de forma viável do éter do desejo. É preciso sentar-se e traçar um orçamento sério e ambicioso sobre o nível de renda que cobriria as despesas necessárias para uma existência confortável e feliz. Seu orçamento deve levar em conta os aspectos fundamentais com alocações para cuidados pessoais, lazer, viagens e outras formas de satisfação, com base em suas definições particulares. Ao elaborar meu orçamento, usei as seguintes categorias, que podem exigir ajustes com base em seu estilo de vida, geografia e valores. Não incluí, por exemplo, despesas com automóveis. Listei:

1. **ALUGUEL**
2. **SEGURO DE SAÚDE**
3. **APOIO À CRIANÇA**
4. **EXTRAS PARA AS CRIANÇAS**

5. **JANTAR**
6. **POUPANÇA**
7. **CARIDADE/CONTRIBUIÇÕES**
8. **VIAGENS**
9. **ROUPAS**
10. **DIVERSOS (REPAROS ETC.)**
11. **SERVIÇOS PARA PESQUISA/TRABALHO**

Também acrescentei mais US$ 500 por mês para cobrir necessidades inesperadas, que sempre surgem. A partir dessa soma, determinei a renda mensal bruta e líquida e, portanto, anual, de que eu precisava. O valor bruto tornou-se minha meta.

Hill também exige que você especifique *os serviços que pretende prestar* para obter esse valor. Para isso, listei uma descrição ambiciosa, *mas realista,* do meu trabalho como escritor, palestrante e apresentador. Também detalhei os serviços ou produtos que forneço, como livros, palestras, narrações, artigos, aparições na tela e consultoria. Além disso, citei os recursos humanos que me permitem oferecer esses serviços, incluindo colaboradores, artistas gráficos e representação competente. Em suma, determinei: 1) o que desejo ganhar, 2) o que forneço em troca disso e 3) as ferramentas necessárias. Portanto, não cheguei a uma soma errônea, mas a um valor autêntico e ousado.

As etapas que acabei de descrever permitiram que eu realmente visualizasse essa quantia em minha posse.

Como você deve ter percebido, estou fornecendo os requisitos emocionais e mentais necessários para colocar em prática o programa de Hill. A dedicação emocional absoluta é a linha de base. Essa dedicação pode ser mais difícil de ser alcançada do que parece à primeira vista. Após a dedicação e a determinação, você deve decidir sobre um objetivo financeiro *bem definido* e ser sincero em relação a ele. Seu objetivo financeiro se tornará realidade? Tenho sido totalmente honesto com você e continuarei sendo. Não encontrei nenhum plano melhor para o sucesso do que o de Hill. Embora eu tenha críticas ao homem, que podem ser encontradas em *One Simple Idea* e em minha introdução ao *The Wisdom of Napoleon Hill* (A sabedoria de Napoleon Hill), é por isso que continuo dedicado ao trabalho dele. Minha dedicação se baseia na experiência. E, embora talvez você precise ajustar a abordagem de Hill, como eu fiz, prometo-lhe que, sim, seu objetivo crescerá com o programa dele, tanto em termos financeiros quanto em outros aspectos. Eu já experimentei muita validação para duvidar disso. Passei de escrever artigos obscuros em 2003 para meu primeiro livro publicado seis anos depois e para um currículo atual que você pode avaliar por si mesmo.

Tente. Seus esforços não serão em vão.

HÁBITO 22

Espere grandes coisas

Devo o título deste capítulo ao historiador Kevin Dann. Tive o privilégio de publicar sua biografia de Henry David Thoreau, que usa essa frase do título, extraída de uma das cartas pessoais de Thoreau. Para entender a vida interior e a formação intelectual de Thoreau, não conheço guia melhor do que o estudo de Kevin. O objetivo deste penúltimo capítulo é explorar o hábito de pensamento que Thoreau encontra nesse princípio.

Para esse fim, vale a pena ler a carta de Thoreau na íntegra, que está ostensivamente relacionada à botânica, mas diz muito mais:

> Concord [MA], 19 de maio de 1859
>
> Srta. Mary H. Brown,
>
> Desculpe-me por não ter confirmado antes o recebimento de seu belo presente de flores de maio. O atraso pode provar que eu não temia esquecê-lo, embora estivesse muito ocupado com a inspeção. As flores ficaram um pouco retidas na estrada, mas nem por isso eram menos perfumadas e eram muito superiores a qualquer outra que possamos mostrar.
>
> Por acaso, no mesmo dia em que elas chegaram, enquanto eu fazia um levantamento na cidade vizinha, encontrei mais dessas flores do que jamais vi por aqui e, por isso, chamei determinado caminho de "Caminho das flores de maio" em meu plano. Mas a experiência de um botânico é cheia de coincidências. Se você pensar muito em alguma flor que nunca viu, com certeza a encontrará um dia crescendo perto de você. No longo prazo, encontramos o que esperamos. Então, seremos afortunados se esperarmos grandes coisas.

Por favor, dê lembranças minhas a seu pai e sua mãe.
Atenciosamente,
Henry D. Thoreau

Espere grandes coisas. Nem sempre é fácil direcionar a mente e as emoções para o ponto da bússola da expectativa. A expectativa esperançosa, o gatilho por trás da maioria das respostas ao placebo, é um estado de humor que vem e vai. É por isso que os pesquisadores de placebo costumam usar um dispositivo, como uma substância inerte ou um tratamento, para acioná-la. (Embora novos limites estejam sendo rompidos com experimentos de "placebo transparente", que evocam uma resposta de cura estatisticamente significativa sem o uso de um medicamento chamariz.) Assim como o clima, a expectativa nem sempre pode ser cultivada. Mas o próprio ato de se esforçar pode, em minha experiência, reproduzir as qualidades benéficas da expectativa. E talvez algo mais. O fator-chave é a resiliência significativa. Quero ilustrar essa qualidade citando uma passagem sobre uma experiência pessoal de *One Simple Idea*, meu estudo de 2014 sobre o movimento da mente positiva:

> Na primeira década deste século, passei vários anos em um grupo espiritual dedicado às ideias do filósofo russo G. I. Gurdjieff. Eu estava sob a orientação de um professor notável e muito talentoso – um homem rude e adorável de intelecto afiado. Ele exigia o máximo de todos ao seu redor, embora de ninguém mais do que ele mesmo. Ele costumava se deleitar em dar a mim e a meus colegas tarefas "impossíveis" para realizar. A todo momento, nossa coragem era testada, e nossos limites, ampliados.
>
> Certa vez, em preparação para uma viagem de acampamento no inverno, ele me instruiu a comprar alguns baldes de plástico, com um propósito específico: servir de vasos para as mulheres campistas que

não quisessem sair de suas barracas para os bosques gelados à noite. Os baldes, ele me orientou, com alegria, deveriam ser em forma de coração e cor-de-rosa. Ou, como segunda melhor opção, ele permitiu que fossem vermelhos. Comecei a procurar – visitando lojas de ferragens e de artigos de cama e banho na cidade de Nova York.

Não encontrei nenhum balde rosa, muito menos em formato de coração. Fiz ligações e verifiquei ainda mais lojas. Além de receber alguns olhares estranhos, não encontrei nada. Voltei a procurar baldes de plástico vermelhos, de formato comum – uma tarefa não muito difícil, ao que parecia. Mas, mais uma vez, na capital comercial do país, ninguém parecia ter baldes plásticos vermelhos à venda. A essa altura, minha esposa estava perdendo a paciência comigo. Por que, ela se perguntava, eu não demonstrava o mesmo zelo pelos projetos domésticos comuns que tinha por essa tarefa? Depois de mais alguns dias de busca, o resultado foi definitivo: não consegui encontrar nenhum balde rosa, nem vermelho e muito menos em formato de coração. Eu teria que ligar para meu professor e dizer: "Eu tentei, mas não consegui".

Esse telefonema estava em minha mente pouco antes de eu embarcar em uma tarefa em uma pequena mercearia de bairro perto de minha casa, no East Side de Manhattan. Fiquei do lado de fora da loja com o celular na mão, mas algo me dizia: espere, não faça a ligação agora. Entrei na loja e fui direto para os fundos, para a seção de frios. E lá, na parte de trás dessa modesta loja de esquina, havia uma pilha de baldes plásticos brilhantes – não apenas cor-de-rosa, mas também em forma de coração. Eu não conseguia acreditar. Parei um funcionário do estoque e perguntei: "De que cor são esses baldes?". Olhando-me como o maluco do dia, ele respondeu: *rosa*. E disse que eles tinham acabado de chegar.

Não posso afirmar que minha busca incansável tenha de alguma forma manifestado os baldes desejados. Mas também não posso chamar a situação de comum. É o tipo de incidente em que uma pessoa precisa estar *envolvida*, com alguma participação no jogo: uma situação em que você se esforça além de todos os esforços convencionais, de tal modo que a única opção razoável pareça ser a desistência, e a experiência de, de repente, atingir um objetivo ou, nesse caso, encontrar um item improvável no mais improvável dos lugares, carrega uma carga emocional que nenhuma tábua atuarial pode capturar totalmente.

As estatísticas são ótimas para medir as probabilidades, mas não para medir a gravidade emocional que se atribui a elas. Pode-se argumentar que as emoções são incidentais às probabilidades. Mas não totalmente. Um evento é notável não apenas por suas probabilidades (e essas probabilidades eram pequenas), mas pela *qualidade do significado do evento* de acordo com as expectativas e necessidades do indivíduo. E, nessas ocasiões, um ato de persistência positiva parece gerar um resultado que vai além da causa e do efeito comuns: algo *a mais* parece ocorrer. O comprometimento excepcional parece convocar um fator excepcional, não totalmente esperado nem descritível.

Também é possível observar um caso contrário, no qual o pânico, a impaciência ou a ansiedade conspiram para anular todas as chances razoáveis e positivas e fomentar um resultado negativo. Usei propositadamente um exemplo simples não para destacar os riscos mais dramáticos da vida, mas para ilustrar algo sobre a natureza de uma perspectiva dentro dos limites da existência cotidiana. Mas também podemos considerar circunstâncias mais graves, das quais depende a vida de uma pessoa.

Considere isso um experimento ético pessoal para permitir a perspectiva de que Thoreau está certo: *a expectativa é determinante*. Visto à luz de como estamos explorando o princípio aqui, não há praticamente desvantagem em errar pelo lado da possibilidade. Essa perspectiva não exige nenhum sacrifício do pensamento crítico e não convida a nenhum esforço em vão, mas, sim, o contrário. *A expectativa, para nossos propósitos, é intercambiável com a persistência inteligente, que a cultiva.* E a expectativa pode, de fato, ser o fator emocional crítico que o levará a uma coisa ou situação necessária.

O psicólogo Carl Jung observou o papel que o entusiasmo e a expectativa podem desempenhar em um sistema de pensamento. Jung estudou uma série de experimentos de PES conduzidos pelo pesquisador da Duke University, J.B. Rhine (1895-1980), na década de 1930. Os participantes de Rhine, de forma consistente e inexplicável, obtiveram "acertos" mais altos em um baralho de cartas no início das sessões, quando o entusiasmo e a expectativa estavam em alta. Com o passar do tempo, os acertos precisos diminuíam, embora pudessem aumentar mais uma vez se o interesse do sujeito fosse redespertado. Assim, Jung argumentou em seu ensaio de 1952, *Synchronicity* (Sincronicidade):

> A falta de interesse e o tédio são fatores negativos; o entusiasmo, a expectativa positiva, a esperança e a crença na possibilidade de PES geram bons resultados e parecem ser as condições reais que determinam se haverá algum resultado.

As observações de Jung vão além do que pode parecer inicialmente. Nem sempre é fácil para os leitores do século 21 apreciar a estatura que o psicólogo experimental Rhine e seus testes de PES tiveram no passado. Por uma geração, do início da década de 1930 até a década de 1960, Rhine foi um dos cientistas mais comentados dos Estados Unidos, um assunto de fascínio público e respeito acadêmico. Anos de críticas, em sua maioria polêmicas e tautológicas, fizeram com que o prestígio outrora associado ao seu nome diminuísse. Para leitores intrépidos, no entanto, a monografia de Rhine de 1934, *Extra-Sensory Perception* (Percepção extrassensorial), ainda será uma jornada extraordinária pelas descobertas estatísticas que ele acumulou em seus experimentos de PES com as chamadas cartas Zener. As cartas Zener são um baralho de 25 cartas com cinco imagens simbólicas (como um círculo, uma cruz, linhas onduladas), que Rhine empregou em dezenas de milhares de experimentos para rastrear a persistência de acertos acima da média em vários indivíduos. As estatísticas de Rhine e as condições de seus testes foram submetidas a um exame mais minucioso do que qualquer outro estudo psicológico realizado em laboratório. Elas foram reproduzidas, conforme discutido em seu livro *Extra-Sensory Perception After Sixty Years* (Percepção extrassensorial após sessenta anos). Mas, apesar da persistente controvérsia em torno da percepção extrassensorial, os experimentos de Rhine demonstraram, sem sombra de dúvida, a ocorrência de algum tipo de transferência anômala de informações em um ambiente de laboratório. Se a PES, ou a transmissão de dados extrafísicos de algum tipo, não existe, então o modelo clínico no qual baseamos nossos testes de dados é falho de alguma forma ainda não compreendida.

Rhine era tão dedicado a evitar qualquer tipo de sensacionalismo que hesitava em tirar conclusões dos próprios estudos. No apêndice britânico de sua obra clássica de 1934, Rhine, no tipo de comunicação discretamente monumental que marcou seu estilo, fez uma breve observação sobre os efeitos do entusiasmo entre os participantes de seu laboratório de PES:

> Como meu maior interesse é estimular outras pessoas a repetir alguns desses experimentos, gostaria de mencionar aqui o que me pareceu ser a condição mais importante para a PES. Trata-se de uma espontaneidade de interesse em fazê-lo. O novo interesse no ato em si, como o de uma criança ao jogar um novo jogo, parece-me a circunstância mais favorável. Acrescente agora... a ausência de distração, a ausência de ceticismo perturbador, o sentimento de confiança ou, pelo menos,

> de alguma esperança, e acho que muitos bons sujeitos podem ser encontrados em qualquer comunidade ou círculo.

Na verdade, o pesquisador não só estava comentando sobre as circunstâncias vantajosas para a ocorrência de PES, como também suas observações equivaliam a um manual de instruções sobre as circunstâncias que cultivam qualquer realização humana. Os instintos de Thoreau, a análise de Jung e os dados de Rhine se alinham perfeitamente.

Esperar grandes coisas. E você mantém esse estado emocional *ao se esforçar para fazer grandes coisas.*

HÁBITO 23

O hábito de não ter hábitos

Este é o nosso último hábito, cuja intenção é dar a você o poder de violar *todos os hábitos*, inclusive os deste livro, a menos que passem no teste de sua verificação. Vou lhe dar uma ideia do que me levou a essa etapa – e por que me dedico a ela.

Se você for como eu, provavelmente consulta livros antigos que leu sobre espiritualidade, psicologia e filosofia e verifica as anotações que fez nas margens.

Às vezes, essas anotações refletem atitudes antigas ou ultrapassadas; às vezes, são marcadores do passado que permitem medir o progresso; ou são declarações de problemas ou barreiras que persistem.

Recentemente, porém, eu me deparei com um tipo diferente de nota: uma que aponta "verdades" nas quais eu não acredito mais.

A linguagem espiritual é muito poderosa. Ela é repetida conceitualmente por muitas gerações. A linguagem popular da espiritualidade – "ego", "apego" – e até mesmo a própria palavra "espiritualidade" podem parecer indicar verdades dadas e inquestionáveis.

Mas os conceitos da psique devem estar abertos a questionamentos, sempre e de todas as formas.

Recentemente, encontrei esta nota de margem em um livro que escrevi cerca de dez anos antes: "Temo que a ânsia de meu ego pelo 'sucesso' sobrepuje minha busca pelo mais elevado". Não acredito mais nas suposições por trás de nenhuma dessas afirmações.

Em primeiro lugar, observe como essa linguagem é "pronta para uso". Toda a sua terminologia denota a suposição de que existe uma vida maior, invisível, em oposição a uma vida temporal, orientada pelo ego. Reconheço o quanto essa estrutura é persuasiva. Ela é a base de grande parte da vida religiosa ocidental e oriental. Mas será que ela é verdadeira? Ela atende às necessidades de suas percepções, experiências e desejos mais profundos?

Conforme observado, passei a questionar o paradigma superior-inferior. Hoje, penso em termos de autoexpressão, sem divisões verticais. E onde essas divisões começariam e terminariam? Onde o "ego" se transforma em outra coisa? Quando a "essência" se transforma em "personalidade"? De qualquer forma, tudo isso são metáforas, e não descritores da realidade.

A experiência real é difícil de ser conquistada. É difícil honrá-la porque pode (ou não) ir contra o consenso de longa data ou as decisões encontradas nas tradições espirituais ou na literatura sobre o que é e o que não é verdade. Ou a experiência pode estar em sintonia com essas decisões. A questão é: *ela deve ser sua.*

Permita-me compartilhar o que espero que seja um episódio positivo na prática independente. Em uma tarde de inverno de 2008, subi até o topo de uma torre de pedra às margens do rio Charles, em Weston, Massachusetts. A esquisitice da era vitoriana foi construída em 1899 para comemorar um assentamento *viking* que, segundo alguns, o explorador nórdico Leif Erikson fundou às margens do Charles por volta de 1000 d.C.

Batizada de Norumbega Tower, em homenagem ao lendário assentamento, a coluna de 12 metros tinha barras de ferro em suas janelas e portas para impedir a entrada de bisbilhoteiros, caçadores de fantasmas e estudantes do ensino médio que bebiam cerveja. Tudo o que eu sabia era que queria entrar. Passei minha estrutura de 1,80 m por uma grade solta, descobri alguns grafites deixados por metaleiros adoradores do diabo (Satanás os ama) e subi uma escada de pedra úmida até o topo.

Naquela época de minha vida, eu tinha um grande desejo em meu coração: tornar-me escritor. Eu já havia sido ativo nessa direção, mas não era jovem – já passava dos quarenta anos. Jurei do alto daquela torre que me estabeleceria como um escritor conhecido. Pedi a todas as forças disponíveis para mim naquele dia gelado de inverno, visíveis e invisíveis, físicas e extrafísicas, que viessem em meu auxílio.

Algo cresceu dentro de mim naquele momento: senti-me em sintonia física, intelectual e emocional e em harmonia com o ambiente que me cercava; meu desejo era claro, forte e seguro, como se tivesse sido levado por uma corrente invisível. Foi uma experiência totalizante, além do comum. Nos anos seguintes, tornei-me conhecido como escritor – fui publicado pela Random House e outras editoras, ganhei um prêmio literário PEN e recebi manchetes em lugares como *The New York Times*, *The Wall Street Journal*, *Politico* e *The Washington Post* – publicações que não costumam ser atraídas pelos tipos de tópicos ocultos que busco.

Meu ato naquele dia de inverno foi totalmente espontâneo e improvisado. Não planejei nem me preparei para ele e não estava recitando nenhuma cerimônia, feitiço ou ritual de um livro. Foi um exemplo do que hoje chamo de *magia anárquica*.

Tendo passado por um bar mitzvah ortodoxo quando criança e, muito mais tarde, vivido oito anos em uma ordem esotérica profundamente intelectual, que exigia estudo, memorização e compreensão de tópicos profundamente misteriosos, desenvolvi um desejo de liberdade em minhas buscas espirituais. Agora tenho alergia a memorização de liturgia, passagens, feitiços, cerimônias, arcanos e recitações de chamadas e respostas. Acredito que a concentração da vontade, o direcionamento das energias mentais, a sincronização da mente, do corpo e das emoções com o mundo natural e, possivelmente, a convocação de forças ou entidades invisíveis – todos os aspectos que fazem parte da prática ritualística e cerimonial tradicional – são mais bem abordados, para mim e para os outros, em um clima de impulso, prerrogativa individual e esforço que vale tudo.

Isso não significa que eu descarte o estudo de filosofias esotéricas e éticas – de forma alguma. Mas depois de assimilar o livro de regras, ou muitos livros de regras, conforme o caso, você deve jogá-los fora e explorar os limites da sua intuição. Isso foi verdade em uma linha de trabalho diferente para os grandes artistas visuais abstratos do século 20, como Pollock e Dalí, que sabiam muito bem como pintar retratos, mas no primeiro momento possível superaram as expectativas. Os buscadores metafísicos devem demonstrar a mesma capacidade de ação.

Em minha opinião, a magia anárquica, ou o hábito de não ter hábitos, significa que você pode, e às vezes deve, abandonar de maneira abrupta uma linha de prática e começar outra de forma igualmente abrupta. Esse ato cismático pode trazer um poder especial. Iniciantes e retardatários em qualquer campo geralmente se tornam seus inovadores. Para um exemplo secular, considere Gaston Glock, o inventor e fabricante da pistola Glock. Conforme explorado no livro *Glock: The Rise of America's Gun* (Glock: a ascensão da arma americana), do jornalista Paul M. Barrett, o engenheiro austríaco dedicou sua carreira à fabricação de varões de cortina e facas até a meia-idade, na década de 1980. Glock não sabia quase nada sobre armas de fogo, mas quando as Forças Armadas austríacas solicitaram uma arma de fogo elegante e de nova geração, o inventor ficou intrigado. Sem saber o que "não poderia" ser feito, Glock levou três meses para desenvolver um protótipo funcional de sua pistola de plástico leve, que acabou revolucionando as pistolas.

Aceitar uma busca tardiamente – e continuar a aprender tudo sobre ela – estimula a inovação e repudia o preconceito, permitindo que você ultrapasse as armadilhas e convenções e faça as coisas de uma maneira nova. Isso é tão verdadeiro na espiritualidade quanto nas questões materiais.

Tive a seguinte conversa em uma entrevista com o site ocultista e o zine *Secret Transmissions*. Ela fornece um bom exemplo dos tipos de prática que a magia anárquica incentiva:

> **P: A mitologia está intimamente ligada à magia, seja ela nórdica, seja ela grega, egípcia, celta ou outra. Mas digamos que você não se sinta compelido a participar de um grupo regido por um panteão específico, mas, mesmo assim, esteja profundamente comovido e inspirado por essas divindades e queira torná-las parte de sua vida espiritual.**
>
> Bem, para contar uma história pessoal, há muitos anos, na Canal Street, perto da Chinatown de Manhattan, descobri um antigo prédio de escritórios que tinha um belo relevo do perfil de Mercúrio acima de sua entrada. A propósito do que eu estava dizendo antes, tenho dúvidas sobre as energias persistentes dos deuses antigos.
>
> Durante muitas semanas, eu tinha o hábito de pegar o metrô para aquele lugar um pouco fora de mão todas as manhãs e orar para aquela imagem de Mercúrio. Eu costumava ficar na calçada, bem à vista, e orar em frente a uma mulher latino-americana muito simpática e indulgente que vendia jornais em cima de uma caixa de leite em frente ao prédio.
>
> Não sei se ela achou que eu estava louco – há uma maior tolerância e adoção de métodos religiosos ocultos na América Latina, portanto talvez eu não lhe tenha parecido muito estranho. De qualquer forma, venero o personagem e o princípio de Mercúrio, e esse foi um meio de expressar isso, além de pedir favores. Senti certa satisfação, embora não tenha a sensação de conclusão, com esse ato.
>
> Acredito firmemente que ninguém precisa se unir a nada nem buscar a validação de ninguém ao realizar um experimento. As tradições surgem de experimentos. Encorajo de coração a experimentação individual

apoiada por algum tipo de educação e imersão na história e nas práticas do que você está tentando fazer.

Jamais permita que alguém lhe diga que é necessário algum tipo de pré-requisito para iniciar uma prática espiritual – quem está dizendo isso e qual é a condição de vida que lhe dá autoridade para fazê-lo? Passe por cima dos especialistas e comece sua busca ou prática *agora*, onde quiser – faça isso com maturidade, dedicação, intelecto, coragem e seriedade, mas nunca se deixe dissuadir por qualquer tipo de barreira de entrada.

Estude seu ambiente físico para detectar seu templo natural ou locais onde possam ocorrer orações, afirmações, definição de intenções ou apelos a uma força superior. Já citei dois. Encontrei outro na filial principal da Biblioteca Pública de Nova York, onde ocupava uma sala de pesquisa recente a este texto. No terceiro andar do edifício de Belas Artes, há um afresco no teto, de Prometeu, que roubou o fogo dos deuses e iluminou a humanidade. Prometeu é uma figura cósmica com relevância especial para os que se esforçam, buscam e até mesmo para os satanistas.[13] Posicionados ao redor dele no piso abaixo estão colunas de mármore com cascos fendidos esculpidos em sua base. Nesse cenário, você pode tocar um dos cascos fendidos, talvez despertando suas tendências naturais, e enviar a Prometeu uma intenção ou apelo por algo que deseja intensamente. Você está disposto a tentar isso, ou algo parecido, no próprio ambiente? Ou é muito "sério" para se aventurar em um exercício tão infantil? O desejo de respeitabilidade, observou o professor espiritual Jiddu Krishnamurti, é o maior impedimento para a individualidade e o progresso.

13. Tenho uma definição esotérica do satânico, que o vê como a força da rebelião, do atrito criativo e da usurpação de limites, barreiras e estruturas calcificadas.

Alguns podem se perguntar como o que estou descrevendo difere da magia do caos, a prática de fazer valer a sua vontade de maneiras autodesenvolvidas e inventivas. Bem, vejo minha perspectiva como uma prima da *magia do caos*, mas com uma ênfase ainda maior na ética do "faça você mesmo". Tudo o que cito aqui é um exemplo: jogue fora e crie os próprios rituais. Compartilhe-os apenas para inspirar, não para instruir. Os magos do caos às vezes veem seu trabalho de uma perspectiva psicológica; meu caminho é espiritual.

Talvez seja um pouco exagerado, mas me sinto tocado pela declaração do revolucionário anarquista Mikhail Bakunin (1814-1876): "Não me apego a nenhum sistema, sou um verdadeiro buscador". Considero isso o lema informal da magia anárquica.

Eu o convido a passar por cima de tudo o que você conhece, esquecer todas as suas espiritualidades "respeitáveis" e ver o que encontra. Quando encontrar algo – e estou confiante de que encontrará –, não o cuide nem o amamente por muito tempo. Não fique parado. Como Ralph Waldo Emerson, referindo-se à lenda de Rômulo e Remo, escreveu no início de seu ensaio "Self-Reliance" [Autoconfiança], de 1841:

> *Lance o bebê sobre as rochas*
> *Amamente-o com a teta da loba;*
> *INVERNADO com o falcão e a raposa,*
> *Potência e velocidade nas mãos e nos pés.*

Permita que hoje seja um dia sem suposições ou limites presumidos; um dia governado apenas por sua busca. Esse é seu direito inato como um ser independente.

A Força Cósmica do Hábito, por fim, favorece a forma de agir individual, a criatividade, a espontaneidade e o impulso significativo. Essas características convocam os poderes da grande expectativa. O você que é diligente e entusiasmado é o você que tem sucesso – e que a natureza favorece. Agora vá e pratique.

APÊNDICE I

"A Lei da Força Cósmica do Hábito"

(resumido de *A chave mestra para as riquezas*)

Chegamos agora à análise da maior de todas as leis da natureza, a lei da Força Cósmica do Hábito!

Resumidamente descrita, a lei da Força Cósmica do Hábito é o método da natureza de fixar todos os hábitos para que possam continuar de modo automático após terem sido colocados em movimento – os hábitos dos homens são os mesmos que os hábitos do Universo.

Todo homem está onde está e é o que é por causa de seus hábitos estabelecidos de pensamento e ação. O objetivo de toda essa filosofia é ajudar o indivíduo a formar o tipo de hábito que o levará de onde ele está para onde deseja estar.

Todo cientista e muitos leigos sabem que a natureza mantém um equilíbrio perfeito entre todos os elementos de matéria e energia em todo o Universo; que o Universo inteiro é operado por meio de um sistema inexorável de ordem e hábitos que nunca variam e não podem ser alterados por nenhuma forma de esforço humano; que as cinco realidades conhecidas do Universo são: (1) Tempo, (2) Espaço, (3) Energia, (4) Matéria e (5) Inteligência; que essas realidades moldaram as outras realidades conhecidas em ordem e sistema baseados em *hábitos fixos*.

Esses são os blocos de construção da natureza com os quais ela cria um grão de areia ou as maiores estrelas que flutuam no espaço, e todas as outras coisas conhecidas pelo homem ou que a mente do homem possa conceber.

Essas são as realidades conhecidas, mas nem todo mundo dedicou tempo ou interesse para descobrir que a Força Cósmica do Hábito é a aplicação específica da Energia com a qual a Natureza mantém a relação entre os átomos da matéria, as estrelas e os planetas em seu movimento incessante em direção a algum destino desconhecido, as estações do ano, a noite e o dia, a doença e a saúde, a vida e a morte. A Força Cósmica do Hábito é o meio pelo qual todos os hábitos e todos os relacionamentos humanos são mantidos em graus variados de permanência, e o meio pelo qual o pensamento é traduzido em seu equivalente físico em resposta aos desejos e objetivos do indivíduo.

Mas essas verdades são passíveis de comprovação, e pode-se considerar sagrada a hora em que se descobre a verdade inescapável de que o homem é apenas um instrumento por meio do qual poderes superiores aos seus estão se projetando. Toda essa filosofia foi concebida para conduzir o indivíduo a essa importante descoberta e para capacitá-lo a fazer uso do conhecimento que ela revela, colocando-o *em harmonia com as forças invisíveis do Universo, que podem levá-lo inevitavelmente para o lado do sucesso do grande Rio da Vida.*

A hora dessa descoberta deve colocá-lo ao alcance da chave mestra de todas as riquezas!

A Força Cósmica do Hábito é o Controlador da Natureza por meio do qual todas as outras leis naturais são coordenadas, organizadas e operadas pela ordem e pelo sistema. Portanto, ela é a maior de todas as leis naturais.

A lei da Força Cósmica do Hábito é uma criação da própria natureza. É o único princípio universal por meio do qual a ordem, o sistema e a harmonia são realizados em toda a operação do Universo, desde a maior estrela que paira nos céus até os menores átomos de matéria. É um poder igualmente disponível para os fracos e os fortes, os ricos e os pobres, os doentes e os saudáveis. Ele fornece a solução para todos os problemas humanos.

APÊNDICE II

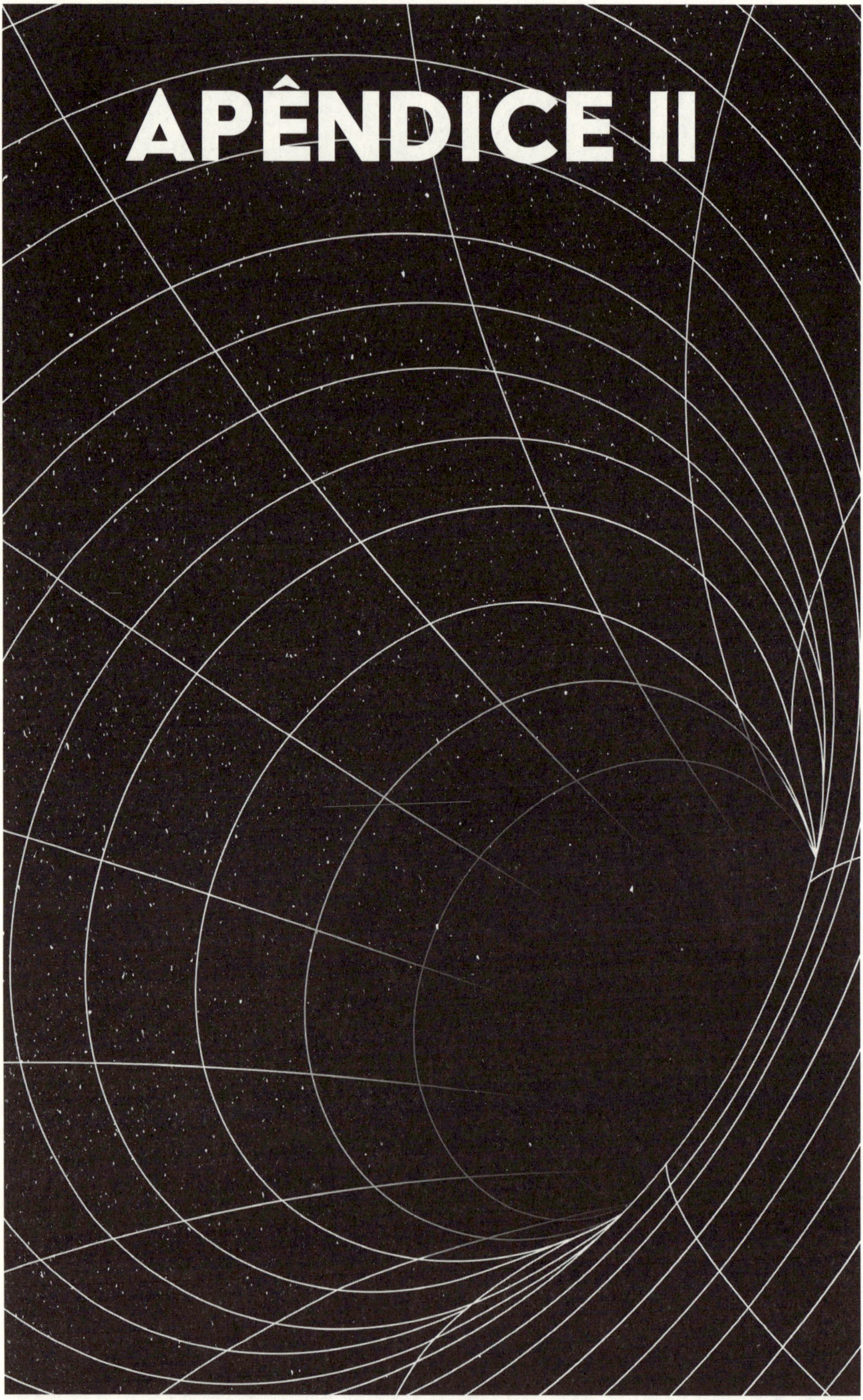

"Força Cósmica do Hábito"

(resumido de *Think Your Way to Wealth*)

A Força Cósmica do Hábito é a aplicação específica de energia com a qual a natureza mantém a relação existente entre os átomos da matéria, as estrelas e os planetas, as estações do ano, a noite e o dia, a doença e a saúde, a vida e a morte – e, o que é mais importante para nós neste momento, é o meio pelo qual todos os hábitos e todos os relacionamentos humanos são mantidos, o meio pelo qual o pensamento é traduzido em seu equivalente físico.

Você, é claro, sabe que a natureza mantém um equilíbrio perfeito entre todos os elementos de matéria e energia em todo o Universo. Você pode ver as estrelas e os planetas se moverem com perfeita precisão, cada um mantendo o próprio lugar no tempo e no espaço, ano após ano. Você pode ver as estações do ano chegando e partindo com perfeita regularidade. Você pode ver que a noite e o dia se sucedem em uma regularidade sem fim.

Você pode ver que um carvalho cresce a partir de uma bolota, e um pinheiro cresce a partir da semente de seu ancestral. Uma bolota nunca produz um pinheiro, nem uma pinha produz um carvalho, e nada é produzido que não tenha seus antecedentes em outra coisa que o precedeu.

Esses são fatos simples que qualquer um pode ver, mas o que a maioria das pessoas não consegue ver ou entender é a lei universal por meio da qual a natureza mantém o equilíbrio perfeito entre toda a matéria e energia em todo o Universo, forçando todos os seres vivos a se reproduzirem.

Tivemos um vislumbre fragmentário dessa grande lei da natureza, que mantém nossa pequena Terra em sua posição correta e faz com que todos os objetos materiais sejam atraídos para o centro do planeta, quando Newton descobriu o que ele chamou de Lei da Gravitação.

E se Newton tivesse ido alguns passos além do ponto em que parou, talvez tivesse descoberto que a mesma lei que mantém nossa pequena Terra no espaço e a relaciona com todos os outros planetas, tanto no tempo quanto no espaço, relaciona os seres humanos uns aos outros em exata conformidade com a natureza dos próprios pensamentos, e que a mesma força que atrai todas as coisas materiais para o centro da Terra também constrói os hábitos de pensamento do homem em vários graus de permanência.

Ele teria descoberto que os hábitos de pensamento negativo de qualquer natureza atraem para seu criador manifestações físicas correspondentes à sua natureza, tão perfeitamente quanto a natureza germina a semente da bolota e a transforma em um carvalho.

Além disso, teria descoberto que os pensamentos positivos se estendem por meio da mesma lei e atraem contrapartes físicas de sua natureza. Estamos aqui preocupados apenas com o método pelo qual a natureza se apodera da mente por meio da operação da lei.

Antes de prosseguirmos, vamos descrever brevemente uma importante função da Força Cósmica do Hábito por meio da qual ela controla todos os relacionamentos humanos e determina se um indivíduo será bem-sucedido ou fracassado em sua ocupação escolhida. A melhor maneira de fazer essa descrição é afirmar que a natureza usa essa lei como um meio pelo qual todo ser vivo é forçado a assumir e se tornar parte do ambiente em que vive e se move todos os dias.

Todos nós somos governados por hábitos. Nossos hábitos são fixados em nós pela repetição de pensamentos e experiências, portanto podemos controlar nosso destino terreno na medida em que controlamos nossos pensamentos. É um fato profundamente significativo que uma pessoa possa ter controle total sobre o poder do pensamento. Todo o resto está sujeito a forças fora de seu controle. A natureza concedeu ao homem o privilégio de controlar seus pensamentos, mas também o submeteu ao poder da Força Cósmica do Hábito, por meio da qual seus pensamentos são obrigados a se revestir de sua semelhança física e equivalente.

Se os pensamentos dominantes de um homem são de pobreza, a lei os traduz em termos físicos de miséria e carência. Se os pensamentos dominantes de um homem são de opulência, a lei os transforma em sua contraparte física. O homem constrói o padrão por seus pensamentos, mas a Força Cósmica do Hábito transforma esse padrão em sua semelhança física e o torna permanente.

"Mas como uma lei da natureza pode fazer algo a partir do nada?", perguntarão alguns. É natural que qualquer pessoa prática queira saber a maneira exata pela qual, por exemplo, a Força Cósmica do Hábito poderia transmutar pensamentos de opulência em riquezas materiais ou pensamentos de pobreza em evidências materiais de pobreza. Ficamos felizes em levantar a questão e respondê-la.

Para começar, reconheçamos o fato de que a Força Cósmica do Hábito é silenciosa, invisível e imperceptível e trabalha em completa harmonia com todas as outras forças da natureza, como gravitação, eletricidade, evolução etc., mas difere de todas as outras forças naturais por ser a única fonte de seu poder e por servir como controladora da natureza, por meio da qual todas as formas de poder e todas as leis da natureza devem funcionar. É a chave mestra do Universo, tão grande em poder que controla todos os seres vivos e todos os átomos de matéria, sendo o controle realizado pela força do hábito estabelecido.

O método pelo qual a Força Cósmica do Hábito converte um impulso positivo ou desejo mental em seu equivalente físico é simples. Ele intensifica o desejo em um estado mental conhecido como fé, que inspira a pessoa a criar planos definidos para a obtenção do que quer que seja desejado, sendo os planos executados por meio de quaisquer métodos naturais que a desenvoltura do indivíduo possa comandar. A Força Cósmica do Hábito não se compromete a transmutar os desejos de dinheiro diretamente em saldos bancários, mas aciona o mecanismo da imaginação por meio do qual a maneira mais facilmente disponível de converter o desejo em dinheiro é fornecida como uma ideia, um plano ou um método de procedimento definido.

Essa força não faz milagres, não tenta criar algo do nada, mas ajuda o indivíduo, ou melhor, força-o a proceder natural e logicamente para converter seus pensamentos em seu equivalente físico, usando todos os meios naturais disponíveis que possam servir ao seu objetivo. A força funciona tão silenciosamente que o indivíduo, a menos que tenha uma tendência filosófica, não reconhece sua relação com o que está acontecendo com ele.

Em determinado momento, uma ideia se apresentará à sua mente em uma forma que ele chama de palpite, e o inspirará com uma fé tão definida que, de imediato, começará a agir de acordo com ela. Todo o seu ser é alterado de um estado mental negativo para um positivo, o que faz com que as ideias relacionadas fluam de modo mais livre em sua mente. Os planos que ele cria são mais definidos e suas palavras têm mais influência sobre as outras pessoas.

Por não entender a fonte de onde veio seu palpite, ele pode descartar o assunto e imaginar que a ideia ou o plano recém-descoberto com o qual obteve sucesso foi criação do próprio cérebro. O palpite é simplesmente um desejo que recebeu a intensidade necessária para permitir que a Força Cósmica do Hábito o assuma e lhe dê o impulso necessário para convertê-lo em uma ideia ou plano de ação definitivo.

Desse ponto em diante, o indivíduo deve agir por conta própria, usando oportunidades, relacionamentos humanos e conveniências físicas que estiverem disponíveis para realizar seu desejo. Às vezes, a pessoa fica admirada com a combinação coincidente de circunstâncias favoráveis com as quais é beneficiada na execução de seus planos, como a cooperação voluntária de fontes inesperadas, alguma transação afortunada nos negócios que lhe proporciona dinheiro inesperado etc., mas sempre essas coisas estranhas e inexplicáveis acontecem após procedimentos perfeitamente naturais, semelhantes às experiências diárias.

O que o indivíduo não consegue ver ou compreender é o método pelo qual a Força Cósmica do Hábito confere aos pensamentos a qualidade peculiar que lhes dá o poder de superar todas as dificuldades, vencer todas as resistências e atingir objetivos aparentemente inatingíveis por procedimentos simples, mas naturais.

Esse é um segredo da natureza que ainda não foi revelado, do mesmo modo que não foi revelado como ela faz com que uma semente de trigo germine, cresça e se reproduza, trazendo consigo centenas de outros grãos.

A Força Cósmica do Hábito me guiou por um labirinto de experiências inspiradoras antes de se revelar a mim. Durante todos esses anos de luta, havia um objetivo definido em minha mente, o desejo ardente de organizar uma filosofia com a qual o homem comum pudesse se tornar autodeterminado. A natureza não tinha alternativa a não ser ceder-me o princípio de funcionamento da Força Cósmica do Hábito porque eu, sem querer, cumpri a lei ao buscar persistentemente o caminho para sua descoberta. Se eu soubesse da existência da lei e de seu princípio de funcionamento no início de minha pesquisa, poderia ter organizado a Filosofia da Realização Pessoal em um período de tempo muito mais curto.

É muito significativo que a Lei da Força Cósmica do Hábito tenha sido revelada após um contato diário de mentes por meio do Princípio MasterMind, cobrindo um período de quase dois anos. A maior parte desse tempo foi dedicada à análise de problemas que não tinham nada a ver com a busca voluntária da lei, mas o que é importante e desejo enfatizar aqui é o fato de que nosso hábito de colocar nossa mente em contato todos os dias para um objetivo definido teve o efeito de nos dar o benefício da Força Cósmica do Hábito antes de sabermos da existência da lei.

Se a sua vida não é o que você gostaria que fosse, pode dizer com sinceridade que chegou à sua condição atual de infelicidade por meio da força irresistível da Força Cósmica do Hábito, mas não pode parar por aí, pois saberá que o tempo e a Definição de Objetivo, apoiados pela Força Cósmica do Hábito, podem fazer você renascer, não importa quem seja ou quais sejam suas circunstâncias.

Você pode estar encarcerado, sem amigos ou dinheiro, com uma sentença longa, mas passar pelo portão da frente e voltar para o mundo exterior dos homens livres e se adaptar a essa força da maneira correta. Como sei que isso pode ser feito? Porque já foi feito antes, porque seu bom senso lhe dirá que pode ser feito assim que entender o princípio de funcionamento e captar o significado total de sua relação com o tempo e com a Definição de Objetivo.

Você pode estar sofrendo de problemas de saúde que o impedem de usar a mente. Nesse caso, a menos que sua doença seja de uma natureza que possa ser curada, talvez não consiga organizar sua vida exatamente como gostaria, mas pode fazer mudanças que lhe darão ampla compensação pelo seu problema de vida.

Você fará outra descoberta extraordinária em relação a essa força. Você aprenderá que todo fracasso traz consigo a semente de uma vantagem equivalente. Descobrirá, sem qualquer margem de dúvida, que cada experiência, cada circunstância é um potencial trampolim ou um obstáculo devido inteiramente à maneira como você reage à circunstância na própria mente.

Descobrirá que suas únicas limitações são aquelas que você estabelece em sua mente, mas, ainda mais importante, saberá que sua mente pode remover todas as limitações que ela estabelece. Você saberá que pode ser o mestre de seu destino, o capitão de sua alma, porque pode controlar os próprios pensamentos.

Você aprenderá que o fracasso é um dos métodos da natureza pelos quais ela rompe o domínio da Força Cósmica do Hábito e libera a mente para um novo começo. Você entenderá que a natureza rompe o controle da Força Cósmica do Hábito sobre os seres humanos por meio de doenças que os forçam a descansar os órgãos do corpo e o cérebro. Você também entenderá que a natureza quebra o domínio da lei sobre o povo de uma nação inteira por meio de guerras e colapsos econômicos conhecidos como depressões, quebrando assim os monopólios e as oportunidades e reduzindo todos os homens substancialmente ao mesmo nível.

Eu lhe dei um conhecimento prático da relação entre a Força Cósmica do Hábito, a deriva, o tempo e a Definição de Objetivo. Mostrei a você, por meio de ilustrações baseadas em experiências reais, como e por que 98 em cada cem pessoas são fracassadas.

Quero que saiba que os fracassos da vida acontecem porque elas caem no hábito de se desviar em todos os assuntos que afetam sua vida econômica, que a Força Cósmica do Hábito as leva com rapidez por esse caminho de desvio até que o tempo fixe o hábito permanentemente, após o que não haverá escapatória, exceto por alguma circunstância de catástrofe que rompa seus hábitos estabelecidos e lhes dê a oportunidade de se mover com a Definição de Objetivo.

Quero que veja que você está onde está e é o que é hoje devido às influências que chegaram à sua mente por meio de seu ambiente diário, além do estado de espírito com que reagiu a essas influências. Desejo que veja e entenda que você pode se mover com propósito e fazer seu ambiente sob medida, ou pode se deixar levar pelas circunstâncias e permitir que o ambiente o controle.

Em ambos os casos, a Força Cósmica do Hábito é irresistível. Ela logo o leva em direção a um objetivo definido, se você tiver um. E se estiver definitivamente determinado a alcançar esse objetivo, ou se não tiver nenhum objetivo, ela o força a se desviar com o tempo e as circunstâncias até que se torne vítima de qualquer vento de sorte que cruze seu caminho.

Tudo na vida que vale a pena tem um preço definido. Não existe essa realidade de algo por nada. Tendo tido a vantagem total de estudar as conclusões de Emerson sobre esse assunto, além da vantagem de analisar homens e mulheres que representam os grandes sucessos e os fracassos excepcionais, estou preparado para descrever por que cada coisa desejável na vida tem um preço que deve ser pago, mas não posso passar essa informação para quem não está disposto a encarar os fatos e admitir as próprias deficiências. A disposição de olhar para si mesmo com olhos imparciais é parte do preço que se deve pagar pela fórmula que leva à autodeterminação espiritual, econômica e física.

Toda pessoa bem-sucedida deve fazer uso de alguma combinação dos princípios dessa filosofia. O poder que dá vida e ação a esses princípios é a Força Cósmica do Hábito. Sempre que qualquer combinação dos princípios foi usada com sucesso, até onde pude determinar por meio de minha pesquisa e experiência pessoal, a lei foi aplicada inconscientemente. Quero dizer com isso que aqueles que aplicaram a lei com sucesso o fizeram por mero acaso, sem reconhecer a fonte real do poder que sustenta suas realizações.

Observe a importância do elemento tempo como um fator essencial com o qual os Princípios de Realização e a Força Cósmica do Hábito se relacionam. A Força Cósmica do Hábito é tão inexorável que assume automaticamente os hábitos e os torna permanentes.

Se a Força Cósmica do Hábito cristaliza um pensamento impulsivo de doença e dor em um hábito, pense na rapidez com que ela traduzirá em permanência as sensações agradáveis e positivas da vida. Quando a natureza tem uma mensagem a transmitir à humanidade, ela não a libera para aqueles que estão se entregando à dissipação, nem aos que foram mimados e protegidos da luta, mas escolhe como portadores de sua tocha os que foram temperados pela derrota até se tornarem autodeterminados.

Esse é o seu destino. Embarque nele.

APÊNDICE III

As dezessete Leis do Sucesso de Napoleon Hill

Ao longo de sua carreira, Napoleon Hill postulou dezessete Leis do Sucesso: essas características, segundo Hill, aparecem na vida de quase todas as pessoas excepcionais. Embora seja importante compreender todos os dezessete princípios, as qualidades ao todo são, de certa forma, inerentes a cada um deles, da mesma forma que uma floresta primitiva pode ser rastreada até uma única semente. Como este livro se baseia em um ensinamento de Napoleon Hill, achei que seria útil ter um esboço de suas etapas gerais.

1. **OBJETIVO DEFINIDO.** O ponto de partida de toda conquista é um objetivo definido, apaixonado e específico. Esse não é um desejo comum, mas algo para o qual você está preparado para dedicar sua vida. Seu objetivo deve ser anotado, lido todos os dias, colocado em prática constantemente e mantido em seu coração com total comprometimento. Se você for sincero, isso ocorrerá de maneira natural.

2. **MASTERMIND.** Trata-se de uma aliança harmoniosa que pode variar de duas a sete pessoas que se reúnem em intervalos regulares para trocar ideias, conselhos e, às vezes, para meditar e orar umas pelas outras para a realização de um objetivo. O MasterMind é fundamental para seu sucesso,

pois a união de intelectos resulta em maior percepção, perspicácia e intuição para todos os membros.

3. **FÉ APLICADA.** A fé pode ser aprendida. É a capacidade de acreditar e progredir em direção a um objetivo com base na aplicação constante de princípios válidos e produtivos. É a compreensão de que o que você consegue em uma escala micro pode ser repetido em uma escala macro. Vista de certa maneira, a fé é *persistência inteligente*. Ela é o fator de união que ajuda todos os seus esforços.

4. **IR ALÉM.** Você será mais eficiente e terá sucesso com mais rapidez e facilidade quando se dedicar a um trabalho que ama e que considera indiferente de lazer ou diversão. Quando trabalha com esse tipo de paixão, a qualidade e a produtividade melhoram e, naturalmente, você faz um trabalho *maior* e *melhor* do que aquele pelo qual é pago. É por isso que deve a si mesmo encontrar o trabalho de que mais gosta – e expressar esse trabalho sempre se esforçando mais para os clientes, consumidores e empregadores.

5. **AMP.** Conforme explorado no Hábito 1, isso não significa bloquear as más notícias ou cultivar uma mentalidade irrealisticamente otimista. Ao contrário, significa acreditar em suas reservas de resiliência, usar todas as ferramentas positivas disponíveis para atingir suas metas e avaliar as circunstâncias com base no potencial delas para ajudar no seu crescimento. Pessoas com Atitude Mental Positiva naturalmente atraem outras pessoas e se tornam líderes.

6. **INICIATIVA.** A liderança é essencial para o sucesso, e *a iniciativa* é a essência da liderança. Iniciativa significa *fazer o que deve ser feito sem que ninguém mande*. Apenas aqueles que praticam a iniciativa se tornam proativos, exemplos para os outros e grandes realizadores. A iniciativa é uma das leis mais simples (senão a mais fácil) de Hill; sua prática é transformadora.

7. **ENTUSIASMO.** Sem entusiasmo, nada é possível. Com ele, você demonstra atos de comprometimento incansável, que às vezes parecem extraordinários. É por isso que seu Objetivo Principal Definido deve explorar suas paixões. O entusiasmo é a coisa mais próxima que a vida nos concede de um elixir mágico.

8. **PERSONALIDADE AGRADÁVEL.** Sua personalidade é a soma total de suas características e aparência: as roupas que você usa, suas expressões faciais, a vitalidade de seu corpo, seu aperto de mão, seu tom de voz, sua diplomacia, seus pensamentos e *o caráter que você desenvolveu por meio desses pensamentos*.

9. **PENSAMENTO PRECISO.** O pensamento preciso é vital para o sucesso. Pensar com precisão significa confiar em fatos, observações, experiências e dados que sejam relevantes para o seu objetivo. Isso significa evitar fofocas, rumores, boatos, conversa fiada e, acima de tudo, opiniões casuais de pessoas que sabem pouco ou nada sobre sua área.

10. **LUCRANDO COM O FRACASSO.** O que chamamos de fracasso geralmente é uma derrota temporária. A derrota temporária com frequência se revela uma bênção porque nos sacode e redireciona nossas energias para caminhos mais desejáveis. Reviravoltas, contratempos e derrotas temporárias impulsionam a pessoa orientada para o sucesso a melhorar suas ações e planos. Nunca perca a oportunidade de analisar uma decepção para obter lições práticas e novas abordagens.

11. **ORÇAMENTO DE TEMPO E DINHEIRO.** Um amigo observou certa vez: "Se você não sabe quanto dinheiro tem, provavelmente sabe muito pouco mais". Você deve controlar e orçar seus dois recursos externos mais preciosos: tempo e dinheiro. Isso significa fazer um cronograma regular de

poupança e pagamento de dívidas. Também significa colocar ordem em suas tarefas, saber quando liberar uma atividade que desperdiça tempo e cumprir os prazos. O tempo é o único recurso que ninguém pode repor ou substituir.

12. **AUTODISCIPLINA.** A autodisciplina ou autocontrole é a força por meio da qual o seu entusiasmo é direcionado para fins construtivos. Sem autocontrole – na fala, na ação e no pensamento – seu entusiasmo é como um raio solto: pode atingir qualquer lugar. A pessoa bem-sucedida combina *entusiasmo* e *autodisciplina.*

13. **ATENÇÃO CONTROLADA.** Essa lei está relacionada às duas anteriores. Você simplesmente não pode se dar ao luxo de ter uma mente à deriva (o que nem sempre é fácil na era digital) ou de procrastinar. Esta última é, em geral, uma forma de medo e pode ser tratada por meio de vários dos métodos explorados neste livro, incluindo apelos a uma Força Maior e a posse de um Objetivo Principal Definido. "Um homem é aquilo em que ele pensa o dia todo", escreveu Emerson.

14. **TRABALHO EM EQUIPE.** O sucesso não pode ser alcançado sozinho. Exige trabalho em equipe e esforço cooperativo. Se o seu trabalho for baseado na cooperação, e não na competição, você chegará mais rápido ao seu destino e terá como recompensa adicional a redução do estresse e da ansiedade. Para conquistar a cooperação dos outros, também deve oferecer a eles um forte motivo ou recompensa.

15. **BOA SAÚDE.** Se você mantiver hábitos indulgentes de alimentação, consumo de álcool ou outras substâncias, essas coisas irão consumir seu tempo, sua saúde e sua vida. Seu trabalho e seus objetivos acabarão definhando se você não mantiver hábitos razoáveis de alimentação, descanso

e exercícios. Se não der a devida atenção à sua saúde agora, as consequências tomarão toda a sua atenção mais tarde.

16. **VISÃO CRIATIVA.** A visão criativa e a imaginação são as faculdades de visualização que formulam seus planos e *conectam o conhecimento a novas ideias*. A imaginação e a visualização não são equivalentes a devaneios ou escapismo. Sua imaginação deve ser alimentada com informações e fatos confiáveis, que depois serão transformados em ideias e aplicações.

17. **FORÇA CÓSMICA DO HÁBITO.** Conforme explorado neste livro, esse é um dos princípios mais transformadores de Hill. Se você conseguir treinar seus hábitos de pensamento, emoção e corpo de acordo com todas as leis descritas anteriormente, uma força adicional – chame-a de Inteligência Infinita, Superalma ou Força Cósmica do Hábito – se prestará a seus esforços e expandirá tudo o que você fizer. A Força Cósmica do Hábito amplia quem você é. É a energia por meio da qual a vida se replica, reproduzindo-se pelos canais estabelecidos. Funcione dentro dos canais positivos por meio dos quais deseja expressar sua vida e a Força Cósmica do Hábito o ajudará a progredir.

SOBRE O AUTOR

Uma das maiores vozes literárias da atualidade em autoajuda, **Mitch Horowitz** é escritor residente na Biblioteca Pública de Nova York, palestrante residente na Philosophical Research Society, em Los Angeles, e autor de livros vencedores do Prêmio PEN, incluindo *Occult America; One Simple Idea*; *The Miracle Club*; e os títulos da G&D Media *The Miracle Habits* e *The Miracle Month*. Mitch escreveu sobre tudo, desde a guerra contra as bruxas até a vida secreta de Ronald Reagan para o *The New York Times*, *The Wall Street Journal*, *The Washington Post*, *Salon*, Time.com e *Politico*. *O Washington Post* diz que Mitch "trata ideias e movimentos esotéricos com um estudo intelectual imparcial que muitas vezes se perde nas discussões em voz alta de hoje". Ele narra audiolivros populares, incluindo a série de clássicos condensados da G&D Media. Mitch falou sobre espiritualidade alternativa na VICE News, CBS Sunday Morning, Dateline NBC, CNN e em toda a mídia americana. O livro *Awakened Mind* de Mitch é uma das primeiras obras do Novo Pensamento traduzidas para o árabe. O governo chinês censurou seu trabalho. Visite-o on-line em MitchHorowitz.com, no Twitter @MitchHorowitz e no Instagram @MitchHorowitz23.